寫給孩子的工作日記

說別人的故事，教自己的孩子

蔡穎卿 _著

寫給孩子的
工作日記
CONTENTS

扎下責任的深根──和孩子們談工作

展開獨立的翅膀——Abby的工作日記

掌穩夢想的方向——寫給年輕工作者

【推薦序】
把教養放在生活的第一順位

天下沒有不可教的孩子，只要有耐心和信心，

把教養孩子放在生活的第一順位，隨時把握機會教導他，

他自然會看到學習和工作的意義，就會自動自發去做了。

中央大學認知神經科學研究所所長 **洪蘭**

我覺得自己比別人幸福的地方，是常有機會比別人更早看到未上市的好書。出版社有時會寄書稿來請我推薦或審訂，使我有機會先睹為快。我因平時很忙，可以看稿的時間通常是夜深人靜之後，如果一看就睡著，那麼這本書我就不推薦；如果是越看越有趣，連覺都忘了睡，那麼這本書就值得推薦。蔡穎卿的第一本書《媽媽是最初的老師》，我就是一口氣看到完，爬起來開兩個鬧鐘，因為怕一個鬧不醒，誤了明天上班。那本書出版後果然熱賣，讓我很高興，頗有「英雄所見略同」的感覺，同時，好東西跟朋友分享時，也是很愉快的。

看蔡穎卿的書是一大享受，我常捨不得一次讀完，好像精緻的食物不可以一次吃完，要留著慢慢的吃、細細的享受。她的人也如其文，溫文儒雅，非常有氣質。我常想，如果天下媽媽都能像她一樣，我們做老師的就不會被學生氣到發出「家有隔宿糧，不做猢猻王」的感嘆了。

她在這本書中教父母如何一點一滴地導正孩子的觀念，全書沒有驚濤駭浪、危言聳聽的句子，但是它就像潺潺的溪水，靜靜從你身邊流過，滋潤你的心田，讓你茁長。

例如她在自序中說：「說別人的故事，教自己的孩子。」這不就是我母親教育我們的方法嗎？小孩子不愛聽大道理，我父親常用文天祥、左寶貴忠義的事蹟來教導我們，我們低頭聽訓，但是人在心不在，反而是幫母親洗菜時，她講的別人家孩子的故事，我們最聽得進去。母親從來沒有修過什麼教育學分，但是她知道故事感化的力量絕對比訓話的效果好。所以這本書中的小故事都是教育孩子的好材料。

又如：「在工作中，要當別人的好朋友，不要帶著抱怨與不滿上工，因為這會影響工作的效果，也不要變成別人傾吐抱怨的對象。」這話非常地正確，英文有一句話說：「不要咬餵你的那一隻手。」（Don't bite a hand that feeds you.）在職場倫理上，是不可以一邊拿老闆的薪水，一邊罵老闆的。尤其人真的會讓批評變成不自覺的言語習慣，我父親就不許我們抱怨，他會問：「你有沒有先檢討你自己？」他常用福建話說：「漏氣不會死，沒氣才會死。」（在本書中看到吳作棟總理也講這句話時，覺得好親切，因為父親生在新加坡，這句話是當地華人常說的話。）被人批評時不可以先抱怨，要先檢討自己，人的資源有限，如果把時間和精力花去抱怨了，就不會找到改進的方法。

同時，附和別人會使那個人更覺得他的抱怨有理，就會越說越大聲，最後變成理直氣壯、積非成是。所以父親說：「在別人抱怨時不可以附和，因

為那是火上加油。我們家的孩子不許做這種事，等他講完後，指出另一種思考的方式，用理性去滅火。」

此外，書中「香水」的故事也很得我心。現在不知有多少人需要這個故事來提醒自己，不要把別人替你做的事當作理所當然（take for granted）。人的大腦對熟悉的訊息便不再處理，以節省資源，所以會有「入鮑魚之肆，久聞而不知其臭」的現象。的確，「最先吸引你的香水在你跟她在一起久後就消失，如果你離開一會再回來，那股香味就和原先的一樣強烈。」這是之所以婚姻會有「七年之癢」的原因，香水聞久了就不香了，反而是別人身上不曾聞過的變得有吸引力了；人在一起久了就忘記對方的好處，常常要等到失去了才會想起。有多少人在擁有時，能夠有蔡穎卿的智慧，懂得珍惜當下呢？

另外，穎卿用行星的自轉和公轉來形容職場的生態，我也覺得非常貼切。理想教育培養出來的學生應該是一顆行星，能自轉也能公轉；這個必要條件是熱情，老師必須有教書的熱情，學生必須有學習的熱情，教學才會成功，這樣的熱情也是敬業背後的推力。我小時候必須幫忙做家事，我母親最不喜歡叫一下、動一下的人（即穎卿所謂「拖著走」的人），所以她在叫我們做事之前，會先讓我們看到做這件事的意義，例如忘記餵雞，雞會餓死或是養得很瘦，下的蛋很少，賣不出去，學費就會無著落。當她讓我們看見工作的意義，我們就會自動自發去做了。

天下道理是相通的，任何事要成功都必須先引發動機，先讓孩子看到學習的意義，而意義會產生動機，動機就會使他自轉和公轉。所以她說：「人

生的意義不在做你喜歡的事，而是喜歡你所不得不做的事。」我出國時，父親告訴我：「做你喜歡的事，喜歡你所做的事，人不怕天資愚笨，態度才是成功的第一要件。」一個能自動自發的孩子一定會成功的。

希望這本書能讓很多父母知道：天下沒有不可教的孩子，只要有耐心和信心，把教養孩子放在生活的第一順位，隨時把握機會教導他，他自然會成長得像穎卿兩個女兒那樣既懂事又乖巧，自己會上進，不需要父母操心的國家棟樑了。

【自序】

說別人的故事，教自己的孩子

我想給孩子一些禮物，

一些自己給得起，而她們一生可以受用的禮物。

這些工作的分享與討論，就是我的禮物。

蔡穎卿

女兒Abby滿二十一歲了，雖然從十八歲起已經自己在美國度過三整年的求學生活，但在媽媽的心裡，牽掛是永遠不曾放下或剪斷過的心情。無論在遠距的電話交談、信件往返，或她回家渡假的日夜相守中，我們比以前更常談到工作，並交換彼此的心得。

從她與妹妹小的時候開始，我就不曾把「讀書」當成一種特別的活動。它總是被我統稱為「工作」。我把做功課的方法與工作習慣相提並論；把整理一個髒亂的廚房用來比喻釐清一門功課困境的要領，希望她們能舉一反三，不要當成績頂呱呱的書呆子。

我常常想起自己當父母的職責，不只是要讓她們吃飽穿暖、精神愉快，遠處還有一個真正的目標，才是催促我不懈努力的理由——

母親不是讓你倚賴的人，而是使你無需倚賴的人。

A mother is not a person to lean on,

but a person to make leaning unnecessary.

這句話讓我看到，持續培養她們擁有好的工作能力與工作習慣，是多麼重要的長程目標！所以，我每在自己的工作中有反省，或遇到特別的心情時，就與她們分享。不只在餐桌或閒談中討論，也用筆記下當中的省思。

Abby去美國上賓大的三年裡，一直是一邊讀書、一邊打工的。第二年起，工作加為兩份。她的生活就像早期的台灣留學生，除了課業之外，同時要扛起生活的擔子。

有一陣子，我看她工作非常忙碌，忍不住擔心起她到底有沒有時間好好讀書。我在電話中開玩笑地問起：「妳不會被當掉吧？」她在電話那頭調皮地笑著回答我：「媽咪！我離被當掉還有點遠。」我不知道什麼樣的語言適合用來叮嚀一個大三的孩子，所以還是把從小教導她的那句老話搬出來用：「不要忘了妳當學生的責任喔！」

過了兩個月，大三下學期結束了一段時間，我在台南家收到院長寄來的信，她仍列名在榮譽學生的名單中。那短短的信，在我正處十分忙碌的日子裡，捎來了一些慰藉與鼓勵。

雖然成績只是一個象徵，但我卻在孩子盡心兼顧的努力中看到了從小為她撒下的責任種子確實破土發芽了。這些種子使她們懂得做好該做的事，在

放手單飛的遠行之後，往生活裡扎根。那些自小分享的工作心得，也開始在她獨立生活之後有了回饋。

現在，不只是我寫工作日記給她們，有更多的時候，是她寫下她的工作日記與我分享。書中第二部分的十個篇章，就是Abby陸續寫下的工作心得。這些文章並非家書，我讀後也不是以回信的方式記下自己的回饋。教養是一場愛的檢視，我就在字裡行間逐一自問：我的教導是否配得上心中自以為已經滿懷的愛。

我之所以習慣留下這些記錄，主要的原因是，在分享或指正孩子的當刻，他們未必立即就認同。在教養的過程中，我從不想要強行灌輸任何價值觀給孩子，等待是絕對必要也非常奇妙的磨合。當她們還沒有全然體會、從心底呼應這些感受之前，我但願自己不是說說就算，任由這些分享隨風而過，我想要更仔細檢視自己所投遞的教養訊息。所以無論時間如何緊迫、或簡或詳，總會做點記錄，這就是這本書第一部分的內容。

Abby與Pony漸漸長大了，在Pony也上大學之後，我進入了一個全新的教養階段，只能遠距地關心著她們的成長。兩個孩子都離家遠行，我的叮嚀與牽掛更要託付給科技的傳聲與文字的遞送。

每當我看到自己的生活中出現了一個勤奮用心的孩子，腦中就自然而然地想起離家在外的她們。我想把這些年輕人的故事說給兩個女兒聽；想要透過更深入的交談來分享這些年輕人面對自己、在生活裡成長的故事。

所以，我去採訪幾位年輕朋友，希望自己能寫出他們的故事與想法，並探討出這些孩子在成長的過程中與家庭或社會教養連結的軌跡。有許多人覺得我對年輕人特別有耐心、特別不忍他們犯錯，我想這的確是愛屋及烏的心情。

自己的孩子在世界的某處正受著不相識的人的教導與愛護，每思及此，我對其他年輕人的溫柔愛護之情便油然而生。多麼希望自己曾經看過、經歷過或領悟過的現實與想法，或多或少能分享於他們；多麼希望關於好好生活、好好工作這熱情的人生戀愛，我可以獻上一份屬於自己的身教。這就是這本書的第三個部分。

成長獨立是一條長遠的路，當我們把孩子送去受教育的那一刻起，期待的就是他們有足夠的能力迎接自己的生活。然而，這個信念卻常常在受教育的途中迷失了方向，我們或以為知識的灌輸一定可以轉化為日後的能力，因此開始尋找捷徑與偏方，白白浪費掉生活中的許多教材。

我想給孩子一些禮物，一些自己給得起，而她們一生可以受用的禮物。這些工作的分享與討論，就是我的禮物。

扎下責任的深根

──和孩子們談工作

父母都希望孩子不要依賴，

卻常會忘記獨立代表的是完整的經驗，

這種經驗，我們可以從生活中找到不斷練習的機會。

為了使孩子早早建立一種健康、堅強的工作性格，

我從小就跟她們談工作；

我期待教養是培育的工作，而非日後導正的功課。

整天做夢，
整天工作

我跟孩子說，夢是織出來的，要在時間裡握緊夢想的每一條絲線。我也說：夢是一種抵達，路得一步步踏實地走。那絲線、那步伐，可以在用心勤奮的工作裡找到織機與地圖。

美國有位白手起家的企業家很喜歡分享他父親過世前給他的忠告。在臨終的床邊，那位父親說：「有的人整天工作，有的人整天作夢；另外還有一種人，他們每做一個小時的夢之後，就趕緊努力去工作，好實現自己所做的夢。」他交代心愛的兒子：「你一定要做第三種人，因為那裡幾乎沒有競爭。」

「那裡幾乎沒有競爭。」多麼令人嚮往的一個地方，但是，在夢裡工作、在工作裡築夢都是不容易的事。我們或許會忘記該從夢裡醒來的時候，也或許只顧埋頭苦幹，遺忘自己曾有一張夢的藍圖，或在忙碌的日子裡不再收藏每一塊可以用來築夢的希望磚瓦。

孩子的夢在大人的眼中常常是可笑的，幸運的是，我的父母跟我一樣珍惜夢想。回想起來，我的確是一

直朝著童年的夢在努力的。記得小時候母親常帶著我翻看她的日文雜誌，她對我的陪讀並不是講適合小小孩的童書，而是用我所能懂的語言，分享她自己喜歡的事物與閱讀所得。那些照片好美，我也常常看到一個漢字的名詞叫──「料理研究家」。母親告訴我說：「料理研究家就是專門研究料理的人。」雖然，當時我只是個小學生，但望著那些充滿巧思、精美呈現的食物時，我心裡想著：「有一天我也要成為一個料理研究家。」

雖然日後我也走著多數人走的路，升高中、上大學，但這個夢從來沒有被遺忘過。只要生活裡有任何機會，我就緊緊掌握、好好學習，我也從不停止閱讀相關的書籍；我知道，要完成一個夢，不可能不需要專業的能力。

二十五年後，在一次大學同學會裡，我聽到一個老同學這樣說我：「看到Bubu，我想到她真的是一路走來非常堅持。記得在學校那幾年，放寒暑假回家彼此通信時，她總是會提起，今天又做了哪些烘焙、煮了些什麼。」

以我自己美好的經驗來說，一個人敢不敢做夢、能不能好好在夢裡努力，常常是因為得到他人的鼓勵與祝福。所以，我更加同意那位父親的叮嚀，也更懂得如何鼓勵孩子，要她們用好好工作來實現自己的夢想。

二十年前，當我因為那麼喜歡烹飪而決定開始經營餐廳的時候，爸爸不但沒有反對，還很肯定我的想法。他說：「想要把東西做得很好給別人吃，是一件很有意義的事。」他沒有替我擔心工作辛不辛苦、錢賺得多不多，

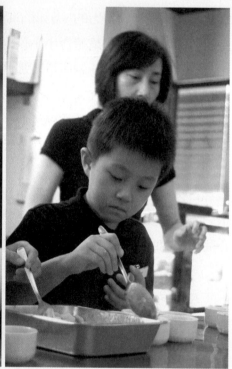

他更關心的是，我的工作與夢想要如何連結。我也不替我的孩子擔心成長
的艱難。從自己的經驗中，我深知有夢支持的辛苦，味道不一樣；雖然它
不會因此而使負擔變輕，但人因為有夢而增加承擔的勇氣。

我很愛做夢，從來沒有停止過；但是，我也從來沒有停止過好好工作，為完成
自己的美夢而努力實作。

我跟孩子說，夢是織出來的，要在時間裡握緊夢想的每一條絲線。

我也說：夢是一種抵達，路得一步步踏實地走。

那絲線、那步伐，可以在用心勤奮的工作裡找到織機與地圖。

第一部的文章是多年來自己從工作的織夢中漸漸得到的各種領悟。為了使孩子早早建立一種健康、堅強的工作性格，我從小就跟她們談工作；我期待教養是培育的工作，而非日後導正的功課。

改變

做每一件事都覺得喜歡？我認為不大可能，不過，如果人生真能達到這種心境，一定非常快樂。

是哪位哲學家說過這樣的一句話：「人生的快樂不在於做你喜歡做的事，而在於喜歡你不得不做的事。」我非常同意也非常嚮往這個境界。不得不做的事，應該是自己的義務、或工作途中所遇到的困難，如果能喜歡，快樂想必會隨之而至。

不過，我發現「喜歡」是可以透過行動來培養的一種心態。「喜歡」很複雜，並不是一種單純的情緒，應該也不是一路走來，始終如一的感受。我從工作中體驗到，如果下定決心去做一件我自認為討厭的工作，跟自己打賭我可以完成、而且無論如何都要完成；通常等到做完了再回頭思考自己的感受時，十有八九，我可以找到一點不同的心情。其實，光是征服自己的討厭，就讓人夠有成就感了。

再喜歡的工作，也會有一些不喜歡的項目，但我希望改變自己看待事物的眼光，所以我用「做」來改變不喜歡的感覺。在工作中，我用專心來解決自己的害怕，用行動來克服討厭的心情。我知道，如果我不喜歡的事越少，我的自由與快樂就會更多。

有一位工讀生問我：「Bubu姐，妳是怎麼引導Abby跟Pony選擇未來的道路呢？」當時這個孩子就要離開大學，我知道她一定需要許多的分享與忠告。我告訴她，雖然很多人都說，人只有在選擇自己喜歡的路之後，才能把事情做好；但是，他們並沒有說，選擇喜歡的事並不代表在當中永遠都能得心應手，如果半途遇到困難，也不代表是自己選錯了路。

「喜歡」與「輕易做好」有時在我們心中會產生必然的連結，所以，如果在一條路上走得不夠順利的時候，人往往會懷疑是自己沒有找到真正喜歡的路。有些人因此而不停地轉換跑道，永遠在尋找工作中所謂的真愛。

喜歡與做得好，當然有一些能力與情緒上的互推關連，但是，喜歡不光是一種直覺。我提醒這位大學生，不要對自己的選擇做輕率的判斷，喜歡的事做起來也並非樣樣好玩。更何況連「喜歡吃」什麼，都可以透過引導來改變，我們面對人生與工作的總總複雜狀況時，更要有耐心。

有一天Pony從羅德島跟我用Skype談功課時說：「媽媽，每個人都把『喜歡』說得那麼的輕鬆容易、理所當然。其實，一件我們喜歡的事很可能有百分之八十都是非常單調無趣的；問題是，如果不好好做完那百分之八十，就沒有辦法領會其中百分之二十真正的有趣。」

「喜歡」是可以透過行動來培養的一種心態。在工作中，我用專心解決自己的害怕，用行動來克服討厭的心情。我知道，如果我不喜歡的事越少，我的自由與快樂就會更多。

人生立志難，要勤勤懇懇地耕耘日子更難，如果還有許多不愛、不喜歡，那自己所加上的辛苦絕不會少。我希望孩子能從小建立積極的想法，希望她們了解，行動可以改變觀點，喜歡是可以培養的感覺。所以，我常常以自己為例，跟她們分享：要手握「改變」的主權，不要當自己的敵人。

愛自己的工作

孩子們問我：「什麼樣的人是妳心目中的理想員工？」

我告訴她們，我不是要找一個喜歡我的工作環境、或是喜歡我的人來當工作伙伴；我想要找一個與自己的工作有單純愛悅關係的人，因為這樣的人不論到哪裡、做什麼，都會努力去喜歡自己的工作。

記得有一天，八十歲的母親感觸良深地跟我說：「看到妳和妳哥哥，我很安慰，你們真的是樂在工作的人。」我說：「媽媽也是啊！」她想了想，回答道：「有一點不太一樣，你們做的都是自己很喜歡的工作，而我不是。我只是覺得自己非要把工作做好，但開工廠並不是我喜歡的工作。」

母親的話使我跌落在一段深刻的思考裡。過去，我一直因為她那麼認真地經營著家裡的工廠而以為她喜歡那份工作，直到此刻，我才了解她心裡的感受。我不禁想，一個人必須擁有什麼樣的信念，才能把自己並不喜歡的工作，做到讓別人為了她全心全意的投入而感動？

「不喜歡」是我們面對人生問題時常用的一項理由：因為不喜歡，所以做不好；因為不喜歡，所以無法克服其中的掙扎與困難。

要擁有什麼樣的信念，才能把自己並不喜歡的工作，做到讓別人為了她全心全意的投入而感動？我想，我一定是因為母親如此愛工作，而發現了人與工作可以有單純的愛。

我覺得自己好幸運，如果小的時候，媽媽曾經對我說起她不喜歡自己的工作，我不知道如今的我，對凡事應該盡心盡力的認知，會不會有所不同？也許，就算我的腳步確實踏在自己真正喜歡的路上，也無法感受到人與工作之間可以有一種單純的愛。

多年來，我做了許許多多不同的工作，有時緊迫無比地同時穿插在生活中，有時得以調配得比較理想寬舒。無論緊或鬆，在一天的開始，只要我想到自己有那麼多的工作可以做、應該做，心裡總有一份踏實的感覺。我知道自己努力的一天，一定會完成些什麼、創造些什麼、或改變些什麼；在付出的同時，也一定會得到快樂的酬勞。那不就是母親給我的感覺嗎？

雖然，媽媽應該沒有讀過托爾斯泰在一百多年前寫過、關於「工作」的那段話，但很久以前，當我讀到這些句子的時候，母親似乎已經以身教為我詮釋過其中的精義了——

一個人如果知道怎樣去工作和怎樣去愛，
知道怎樣為自己所愛的人工作和愛自己的工作，
那麼他就可以享受到豐盛的人生。

香水生活觀

星期日早上，Pony 用Skype聯絡的時候，我們一家三代正圍坐在圓桌前吃早餐。一聽到她的聲音，大家都顧不得咖啡只喝了一半，全衝到書房去，圍著電腦你一言我一語地搶著說話。

安排爸媽坐下之間，Pony從羅德島傳來有著秒差的聲音說：「我今天早上切了兩大箱夏南瓜，現在手都起水泡了。」話一說完，「好可憐！」「妳還好嗎？」之類的心疼問候，七嘴八舌從電腦這頭回傳了過去。不過，談話告一個段落之後，大家得出一個結論：「這樣也滿好的！」

我們所謂的「滿好」，指的當然不是「手起水泡」這件事，而是她的學校生活因為有了工作所帶來的不同情境與獲得。

Pony加入建築系之後功課非常重，她在一封家書中跟我們分享對於這種生活的感想：「學校今天開始上課了，忽然間大家都各自展開不同的生活。大一時我們的課表都一樣，即使教授不同，但學習的內容大致相同。現在，大家一早就衝往不一樣的地方，我難得能見到熟悉的朋友，有些時候，連自己的室友都要等到夜深了才有機會重聚。不過很好的是，這也代表我們不停在接觸自己熟悉範圍之外的世界。比方說，今天的建築課裡有一半的學生和我一樣是第一年加入的，另一半則是研究生，我喜歡這樣的

組合，我因此能跟已經有許多工作經驗和擁有專業的人共同學習。」

一個星期中有四天，她的課從早上九點上到下午六點，晚上常常要留在工作室跟班上同學一起做功課到深夜。雖然如此，假日的兩個早上，她還是去學校一個漂亮的咖啡廳打工，「我需要調劑一下整天讀書的生活。」她這樣告訴我們，而且宣告不做外場的服務，直接申請到廚房工作。

雖然用功讀書、努力求知是上學最重要的目標，但對於一個大學生利用某些課餘的時間打工，我倒是完全持正面的想法。如果一個星期有一、兩段時間，能暫時離開日日相處的課業，完全沉浸在另一種工作活動中，是非常好的生活調劑與心靈休息。

以Pony來說，去廚房工作時肢體雖然並沒有得到休息，但是如果對照她整天坐在課堂或工作室裡的心智活動，在廚房裡揮刀切兩大箱夏南瓜，反而有機會稍事運動與休養心靈。忙碌廚房裡快節奏的活動，會使人強烈感受到日常的活力，就我自己所熟悉的經驗來說，這對創意與啟發有很大的功用。也許，就在Pony切著兩箱夏南瓜的同時，她就靈光一閃想通了原本坐在書桌前苦思不著的課業問題呢！

任何人都會對自己的生活與工作日久生厭，所以，在可能的條件裡運用自己的感官做調節，可以幫助生活的香味得以持續，至少，幫助我們維持好的味覺來品味生活。

我常常跟孩子說起自己對生活與工作的想法。為什麼我一直能同時做許多事卻不覺得累？為什麼我很享受蠟燭兩頭燒的母親生活？因為我習慣用不同的活動來維持生活感受的敏感度。

記得很久以前有位記者寫過，當他埋頭苦寫一篇報導，越寫越糟的時候，他的總編輯給了他一個建議，要他「暫時丟開，去做其他事」。總編輯以女孩子的香水為例解釋給他聽：「那最先吸引你的香水，等你一直跟她在一起之後似乎味道就消失了。可是如果你離開一會兒再回到她身邊，那股香味好像就和原先一樣強烈。」

當我讀到這個觀察與說法的時候，不但覺得有趣而且完全贊同。任何人都會對自己的生活與工作日久生厭，即使不是厭倦也會有平淡無味之感；所以，在可能的條件裡運用自己的感官做調節，可以幫助生活的香味得以持續，至少，幫助我們維持一種好的味覺來品味生活。

不是只有娛樂才可以調劑生活，有些性質差異很大的工作也可以。就像Abby每個星期會從自己的語言顧問與教學工作中，抽出一整個早上來廚房與我工作；就像Pony走出書堆裡去餐廳打工；就像我同時做幾份工作。我們都因此有了重聞生活香味的能力，更因此而學到不同的技能。即使是只做一份工作的人，如果能把職務上的工作與生活中的工作視為彼此的調節，那些下班之後待做的生活雜事，就不再是單調無味的負擔了。

◆ 補記

重聞生活的芳香

上星期六是Yuki第三個月的義工當班，雖然從台中遠道而來，她似乎還沒有計畫對我打出那四擊聲的退堂之鼓。

我堅持十二個小時的義工實作計畫，雖然讓許多人聞之腳軟，不過，持續上工的幾位義工媽媽，也真是堅持得讓我佩服。目前我們的義工隊伍中，年紀最大的是我的表嫂，望六十不遠。表嫂因為長期登山，體力奇佳，雖然我們很想給她一些「優待」，她卻一樣做足十二個小時不肯休息，而且一路精神振奮，熱情得像個孩子。

另一位害羞的義工茵茵更有意思，當班前一晚就從台南搭車來台北，借居在姑姑家，隔天怕無法掌握到達三峽的時間，早早就來了。她安安靜靜、全神貫注地工作，連晚上要先回台北拿行李再趕車回台南，都不敢跟我說。她回去之後，我擔心她嬌嬌弱弱、整天坐辦公室的身體不勝負荷，心想如果茵茵後悔了，或許也不敢明講吧！所以打電話去跟她確認。

電話中，茵茵說，當她知道是我打來的時候，以為自己被「開除」了。我聽了忍不住笑，只問：真的受得了嗎？茵茵說，回家後腳的確痠痛了好幾天，但還是要來的。我聽了又笑，腦中閃過她一言不發站在我對面專心工作的模樣，做前菜、學配盤，一有空就去清理洗碗槽。不知她遠在台南的先生可曾想過，原來妻子搭高鐵來三峽是這樣被我「虐待」的？

我的大姑雅妙也是元老義工。大姐總是早早就到，第一次還要姐夫陪，第二次就獨自驅車直達。大姐工作了一天，離開時我跟她說：「辛苦了！」她笑著說：「不會啊！過了很充實的一天。」

相信當這些義工回家的時候，一定會因為過度疲倦而體會到自己平常的日子有多安適；離開一下，才能重聞到自己生活原有的芳香。

培養自己的行星性格

當我用自轉和公轉來比喻工作性格的時候，大家都笑了，不知道我這天馬行空的腦袋裡又在想什麼。但是，有一次晚餐桌上，當我解釋這個想法給Abby和Pony聽的時候，她們卻覺得這個說法不只有趣、也有同感。

公轉是一件物體以另一件物體為中心所做的循環運動。在工作中，就好比時間一到，具體的活動開始了，我們可以意識到大家都有所行動，共同的目標與時間表是吸引我們公轉的物體。在公轉軌道上的星球雖然都在移動，但有些星球卻不自轉。這就像我們看到職場所有的人員都在忙，但此時卻無法分辨：哪些人是因為被「拖著走」而移動，哪些人的動是因為自主的工作熱情。

雖然星球的公轉是不會突然停止的，但是當尖峰時間過了，人的工作卻有間歇。這時候，我們就可以看到每一位工作者非常不同的運作性格。

當軌道上的運轉停止的時候，有些工作者會跟著完全靜止下來，不再思考工作的需要或做任何的準備，只等著下一輪運轉再度啟動之後繼續被「拖著走」。他們比較像月亮這樣的衛星，只公轉不自轉。

但是，有另一種人是跟行星一樣的，除了公轉也不停地自轉，他們與工作

的連結愉快而緊密，時時關心著工作目標，也能感受到自己的盡力對整體的貢獻。

有些人曾問過我，什麼樣的條件才適合創業，是資金的問題嗎？還是有其他更具體的條件？多年來，我一直無法清楚地描述自己感想的總結，直到我想到以星體的運行做為比喻。

記得很久以前，有位很想創業的朋友來跟我請教，雖然我們只一起工作了幾天，但我很快就勸她打消創業的念頭，原因是，她只公轉不自轉。

每當工作節奏和緩下來的時候，她的思慮與行動便完全停止，自己無法、也無心為下一步工作做任何準備，得等到他人提醒或氣氛到達，才又開始動起來。我認為，在培養好自己的行星性格之前，她不應該輕舉妄動地展開創業的計畫。

懂得自轉的人，就了解如何利用時間為工作做好應有的準備，當他們在軌道上動起來的時候會更精彩愉快。所以，每當遇到胸懷大志卻不知如何為理想做準備的年輕工作者時，我總是鼓勵他們，好好培養自己的行星性格，在職場公轉的軌道上也要學會自轉的重要。

有一種人是跟行星一樣的，除了公轉也不停地自轉，他們與工作的連結愉快而緊密，時時關心著工作目標，也能感受到自己的盡力對整體的貢獻。

隔代同聲談工作

如果對身邊的年輕工作者感到失望的時候，我並不一定會當場責備他們；不過，等我回家之後，卻會把自己的感受跟孩子說，倒不是抱怨，而是希望以實例叮嚀她們日後的工作概念，要她們記得不要犯下同樣的錯。年輕人是社會共有的可貴財產，而父母的價值觀總是影響孩子最深，所以，我應該先把自己的孩子教好。

記得有一次，一個員工為了要去聽演唱會而來跟我請假，她的說法是這樣的：「我不管喔！我不管喔！」一連兩個宣告已先造成氣勢，我覺得自己無論有什麼想法都已矮了半截。然後她接著說：「這是很久很久以前就訂好的票，不管怎樣，我是一定要去的！」雖然她的態度比她的用詞可愛，不過，在人力非常緊繃的假日裡要臨時安排接替的人手，已經讓人非常頭痛，我實在無心欣賞這一切。

又有一次，工作到一半的年輕員工因為跟同事鬧彆扭，心情不好，竟然放著工作不做就要回家。那低落的神情與請假的理由同樣使我感到訝異，那一刻，我其實弄不清自己算是生氣，還是沮喪。

回家後，我跟Pony講起發生的事，我聽到自己的聲音裡充滿急切而複雜的期待：「Pony，以後妳去幫別人做事，請千萬、千萬不要這樣。」當時她

回答我：「媽媽，我知道，對我們來說，工作應該是一種Commitment。」也許，當時她腦中一時找不到一個適合的中文字來形容對工作的認識，所以就直接用英文表達了。

過一陣子，我跟母親有機會相聚時，也談起工作態度的問題。母親是一位非常敬業樂業的工作者，在我的印象中，她無論做什麼都非常專注、投入。當我問起她為什麼總能這樣，媽媽稍停了一會兒，然後很慎重地說：「我覺得好好工作是一種使命感。」

Commitment——使命感！多麼不可思議，我竟然從母親與女兒口中同時聽到一模一樣的說法。兩個整整隔了六十年的不同生命個體，卻對工作有完全一樣的認知。

聽完母親與Pony口中那不約而同的「使命感」後，我想起了一段話：「高興和答應下來是不同的。高興做一樁事，看情形能做才做；如果是答應下來，就不能有任何的推諉說不做，只有把事情辦好。」

雖然，我不知道能不能說動更多的父母，以這樣的價值觀來培養自己的孩子——那未來的年輕工作者；但是我期待Abby與Pony能以美好的行動來詮釋對工作的體認；但願她們能傳承這個家代代以來對責任的想法，以及對盡心盡力的享受。

我相信每個人都會有想要偷懶一下、或時間週轉不靈的時候，但對於工作的認真與執著，我把它視為一種內省的功課，一旦放鬆尺度，就慢慢會失去應有的責任心。

◆ 補 記

工作是一種承諾的契約

Pony有一天在電話中跟我說，她因為功課很多，本想在星期五晚上打電話去請打工的假，這樣週末兩天就可以多出八個鐘頭來做功課。後來，她之所以沒有撥出電話，是因為想到我一向以來最不喜歡的就是工讀生在考試前跟我請假。在電話中，我聽到Pony高高興興地跟我說：「我還是去工作了，而且我也還是好好把功課做完、按時交出去了。」

我相信每個人都會有想要偷懶一下、或時間週轉不靈的時候，但對於工作的認真與執著，我把它視為一種內省的功課，一旦尺度放鬆，就慢慢會失去應有的責任心。可以放下責任不管的合理藉口不下千百個，我還是要提醒孩子，工作是一種雙方承諾的契約，也許這個社會不再用嚴格的標準要求大家，但我們自己要能分清楚，高興與答應有不同的意義。

Pose

在京都街頭漫遊了一整個下午後，我們進了小巷裡的一家烏龍麵專賣店。雖然店的陳設非常簡單、古意盎然，但工作者除了一位中年人之外，其餘都很年輕；煮麵的那一位，或許才二十出頭吧！

櫃台的背後堆疊著一個個透著香氣的檜木箱，每個箱裡疏落散放著看起來非常結實帶勁的手打烏龍麵。麵箱對面的方型大煮鍋前站著那個高駣細瘦，身穿和式廚衣、頭戴船型工作帽的年輕男孩，雖然此刻正埋首工作，但剛才我們一進門時，他在齊聲的招呼裡曾對我們抬頭一笑，所以我仍記得他那和善的表情有多稚嫩。

我們安靜地享受著碗中樸實可口的美食，Abby從碗裡抬頭對我說：「這個世界上很少有社會像日本一樣，可以用這麼慎重的心情，如此欣賞只提供一種簡單料理的專賣店吧！」我心有同感地說：「對啊！這或許是工作者因此能得到心靈滿足的原因。」

享受過那碗湯麵之後，Pony走到櫃檯前問道：「我可以拍你們工作中的照片嗎？」那領頭的中年人和善地一口答應，要Pony不用客氣儘管拍。那時，年輕男孩正揮動雙臂在沸騰的水裡撈煮著烏龍麵，當Pony的鏡頭定在他認真的臉上時，我突然聽到他的身邊響起了大家宛如合唱一般輕輕的喊

叫聲:「Pose, pose.」

這句話在日本太常聽到了,通常應聲而來的就是一個笑臉與彎著手指比出的勝利字型。但那男孩好像被一個無形的罩子隔絕了,他完全不受干擾,只一心一意地繼續煮著鍋中的麵,在Pony的鏡頭中留下了一個職人真正的Pose。

記得有一次和一家休閒產業的餐飲品質部經理交換意見,他問我為什麼如此推崇日本帝國飯店的村上信夫先生。張經理帶點不好意思地說:「說真的,我覺得他的食譜似乎離現在的時尚食物有一段距離。」我說這個問題好極了!村上信夫先生如果當今還健在,已經八十幾歲,我覺得他的食物是「當代的時髦」而非「現代的時髦」,這是時間的問題。

當村上信夫左右著幾十年前東京的飲食風尚,他所設計的食物在當時是很時尚的。我所景仰的不只是創新食譜還創新飲食方式的村上信夫先生,對我來說,最可佩的是他製作食物的專注與愛情,以及他兢兢業業在專業上的追求。他鼓勵料理人要以扎實的學習來傳承、演化新技藝,是最能代表職人精神的主張。

村上信夫先生過世之後,《家庭畫報》曾以「帝國飯店廚房之父」為題做了一篇專題報導,其中也留影了他的廚房

那男孩好像被一個無形的罩子隔絕了,他完全不受干擾,只一心一意地繼續煮著鍋中的麵,在Pony的鏡頭中留下了一個職人真正的Pose。

筆記。六十年來在廚房裡奮鬥、學習、帶領，村上先生對於工作的執著與認真，不知道除了「愛情」之外，還有沒有更合適的形容，可以用來標誌他與真正職人精神的緊密連結。

每一次我聽到日本人用「辛苦了」來跟人打招呼時，都有一種肅然起敬的感覺。這句話裡充滿了一個人對專心致力於工作者的敬意。在台灣，我們也常常用「辛苦」兩個字，但語氣與神情都不同，因為不用完成式，所以就感覺不到肯定的意味。我們比較常聽到的說法是：「那很辛苦呢！」或「你也太辛苦了吧！」不知道為什麼，聽起來就是少了對辛勤工作的贊同，而多了一些讓聽者自覺渺小的話術。

一個專心的職人豈有不辛苦的道理，也許我們的社會與真正職人精神之間的距離，是因為大家對於「辛苦」兩個字的解讀，還不夠正面美好。

開始難，結束更難

在Bitbit Café工作這一年，我常常在晚餐近尾聲時或星期日的下午，想起一個適用於任何工作的提醒——開始難，結束更難。

想起這件事，是為了提醒自己不要放鬆，不要因為身體實在累了、終點就在不遠之處，而忘了要更聚精會神地把工作做完。

任何事一開始難，難在鼓起勇氣、打起精神。不過我相信，更難的是在經過了一段時間，還想以起初堅持的工作品質把事情做完，讓句點漂漂亮亮地標在完整的段落之後。

開始與結束對我來說，通常都不只是一份工作或一件事情的頭尾；最常引我有所意識的「開始與結束」，其實是一個很小的單位——「一天」。我該如何鼓勵自己在一天中精神十足地展開工作，而後又滿懷熱情地結束。

任何工作持續一段時間之後，都會讓人疲倦、或許也會讓人厭膩；即使在一天之中，我們對工作的熱情也會有高低起伏。有許多人問過我，是不是做任何事都有「樂此不疲」的感覺？關於疲倦，我很想花點時間好好跟他們說：「我會、我會、我會。」但不可否認，如果真的有機會讓我說，我大概說不了太久。因為我從來不覺得這個世界上有永不疲倦的心情，不同

的只是，我到底會「疲倦」多久？或會不會讓「疲倦」變
成不再繼續的理由。

我每天平均工作十三個小時，在一天的終了，身體當然是
疲倦的。奇妙的是，當我回到家，往自己的舊椅子上緩緩
坐下時，總會看到落地檯燈從不同的角度輝映著幽微溫柔
的光撫慰著我。就在那一刻，我為隔天所預備的勇氣會油
然而生。

我知道，自己之所以能繼續下去，是因為我已經把今天該
做的事都一件件扎實完工了。那被我自己稱為「新生的勇
氣」，一天一股，一股也只夠我一天用，因此，我必須每
天用實行來換取隔天所需要的力氣。

「溪流與岩石對抗，總是溪流勝——勝在持續不斷，而非
力取。」關於工作持續不斷的熱情，我懂得最多的就是以
「一天天」為單位的開始與結束。相信自己如果能疲憊但
愉快地結束一天的工作，明天就會有夠用的勇氣繼續另一
個開始。而那溪流的「持續不斷」，或許說的就是這樣的
日日相連、永不停歇。

任何事一開始難，難在鼓起勇氣、打起精神。不過我相信，更難的是在經過了一段時間，還想以起初堅持的工作品質把事情做完，讓句點漂漂亮亮地標在完整的段落之後。

一張請款單

Dear Abby and Pony,

今天工地的師傅送來了店裡局部重修的帳款明細單。單子上有一筆費用是「1350元×12天」，數字的旁邊寫著「見習工」。媽媽看著那一萬多元的工資，心裡先是一陣訝異，然後，又很快地轉換了心境。我覺得自己可以了解那位師傅爸爸的心情。

在局部整修這十二天中的第一天，當我看到那個高中男孩跟著他的爸爸來工作時，心裡替他感到很高興。放暑假了，一個高中生是該好好利用時間學點東西，而那個男孩能利用假期跟在父親身邊學手藝，真是非常美好親愛的事。不管將來他是不是立志繼承父業，如果孩子能透過跟隨與幫忙來了解父母親的工作、深入自己家庭生計的來源，是多麼有意義。

第一天結束後，媽媽就發現那男孩不多言語，他一整天幾乎都坐在一邊。我替他高興的心情開始轉為陣陣疑惑。難道，我想錯了嗎？他並不是來打工的。

裝修的工作一天分為兩段，排開午休時間，上下午各四個鐘頭。在漫長的一天中，這個男孩除了他的父親遇到無法一個人搬動的東西，出聲叫他來

幫忙之外，他從不主動協助任何工作，寧願無聊地坐在店裡的一角呆望遠方出神。

五點快下工之前，他的父親會叫他把地掃一掃，這時他就站起那不大挺立的身軀，懶洋洋地拿起掃把與畚箕，有一搭沒一搭地在地上比劃比劃。有好幾次，我很想跟他說：「小朋友！把腰挺起來吧！你長得那麼好，為什麼整天這樣彎腰駝背呢？」

Abby、Pony，在爸爸媽媽小的時候，如果有孩子這樣無精打采，街坊鄰居的長輩多半會給我們一些善意的指正。但是現在，很多人相信你們這一輩的孩子變得很難纏，我們不再願意負起教導的責任，對別人家孩子的言行，更不敢插嘴指正了。

媽媽也一樣，雖然心裡很想做個好大人，卻始終沒有開口鼓勵他打起精神來。我只是非常納悶，為什麼他的父親把他帶來卻不好好要求他工作？

我想，這或許就是當父母的矛盾心情。我們非常想要教育你們，卻不想不停地發號施令；如果孩子能夠自動自發，對父母來說不只是輕鬆，也是一大安慰。於是許多父母心中都有一個疑問：自動自發究竟是一種天性，還是可以教導而成？

教育永遠不能只做一半，教育也不是一種形式。成長是扎扎實實的一步一步，而每一步都得是你們自己踏出，才能真正被計算在成長的里程中。

因為是旁觀者，所以我可以從別人的例子中，清楚地看到這種為人父母的軟弱，也試著從別人的故事裡，檢討自己對你們的期待與教育——我有沒有把教育你們的工作只做一半？那清楚的一半是——知道孩子是一定要教育的；那困難的另一半是——不能徹底執行心裡想要的目標。

當我跟你們說起這張帳單的時候，妳們同時的反應是：「爸爸會付這筆錢嗎？」因為妳們都看過那孩子幾乎什麼都不做。當媽媽說，我們還是會付錢的時候，妳們不表同意地問道：「為什麼？」

為什麼？親愛的孩子，媽媽多麼想讓妳們了解，這一萬多元讓我學到一個好重要的教訓。我因此而知道，教育永遠不能只做一半，教育也不是一種形式。當我們想要透過生活幫助你們學習獨立時，並不是像人家說的，安排去打打工或形式上參與社會服務活動，就可以達成目標。

成長是扎扎實實的一步一步，而每一步都得是你們自己踏出，才能真正被計算在成長的里程中。當時，媽媽有一種小小的罪惡感。我曾想過，完全沒有意見地付出這筆錢，對那個孩子來說，是一種什麼樣的意義？他會不會就此以為，人生的確有可以白吃的午餐，而人其實是不用好好工作也可以輕易賺取酬勞的？

但是，我知道這不是我應該擔心的事。我的責任是督促自己不要對你們只有擔心，而沒有具體的行動；我要提醒自己的是，不要在人生課題上，當只教一半的父母。

◆ 補 記

讓孩子有「貢獻」的機會

前一陣子在演講中,又有父母問我,該不該付錢給幫忙做家事的孩子?那位母親說,理財專家主張這不但可以鼓舞動機,也可以教導孩子如何管理金錢,而她自己試過之後也發現,付了錢,孩子的確變得很喜歡做家事。

我一點都不懷疑金錢的效果,但鼓勵與賄賂只在一線之間,我們不能要求生命還很生淺的孩子能有成熟的定力。我質疑的是,父母該不該用金錢的回報,來引導孩子與生活的習作做連結。透過金錢的鼓勵而學會的生活技能,在日後失去同樣的酬報時,會自然而然地轉換行為的動機嗎?而當父母與孩子有這種協定之前,雙方是否已談好,將在什麼時候結束這樣的交易?一如我的女兒聽到這個想法時問我的問題:「等這些孩子上了大學得自己洗衣服的時候,誰來付錢給他們?」

如果一個孩子連生活的互助,都必須誘以金錢才能喚起動機,我想知道的是,他們的情感教育要從哪一個生活點教起?家庭是人際最溫暖的單位,也是一個孩子學習愛的初始地,如果做家事非得收取酬勞,那父母也應該同時跟孩子說明自己的付出,並收取照顧養育的費用,這才算是真正的理財。否則,他們對人生成本的估算一開始就有錯誤——世上哪裡只有收入卻不用付出的糊塗帳?這對孩子來說,又要如何才能算得清楚?

我覺得教育很難只做一半,如果我們想要藉由一種方法取得教養的優點,就必須看清楚價值觀是否貫徹,不能讓矛盾同時出現在方法裡。

我們被家庭養育長大、受照顧、學習獨立，而後進入社會、投身工作、互助成長，這其間並不是每一件事都能有等值的金錢酬報。理財雖然是生活技能的一部分，卻不是人生的唯一基礎。我相信一個快樂的孩子先要有一些基本的信念：了解自己是被父母無私的愛養育而成，因而懂得關懷家人就是最重要的情感之一。

我們不必早早培養孩子對金錢的喜好，這個社會已給了他們足夠的影響。在一個家庭中，愛與體貼足以成就許多結果、渡過許多困難，請不要輕易拋棄讓孩子對家庭有所「貢獻」的機會。

人生的計算

Dear Abby and Pony,

今天媽媽一早就從三峽搭高鐵到台中去，這是一場社團邀約的演講。抵達台中後，到高鐵站來接我的是社長的一對兒女，大哥哥在博士班研讀，妹妹今年剛考上研究所。

這對兄妹氣質沉穩優雅，言談之際讓人打從心裡忍不住欣賞喜愛。從高鐵站搭車到會場的途中，我與他們交談愉快。雖然我們的人生經驗相差了一個世代，但是談話中的價值觀卻沒有隔閡。這兩個孩子比起同年齡的青年，外表更為清純簡樸，內心卻非常成熟厚實。

我們談起了目前大學生的生活，同感於十二年只為升學的苦讀之後，父母或整個社會對大學生的關懷與督促似乎是不夠的。「任你玩四年」對多數人來說成了合理的想法，所以有許多大孩子，就把最精華的四年一擲千金地浪費掉了。

當我說起這份憂慮的時候，大哥哥回應著：「對啊！像我們學校的宿舍，常常可以看到半夜沒有人在睡覺，中午之前也沒有人起床。但他們並不是熬夜在讀書。」

對於這種不正常、錯亂的作息，現在的父母或師長多半只覺得很無奈。他們說，現在的孩子誰不是這樣，除了任由著他們去，還有更好的辦法嗎？

在醫學院教書的阿姨也告訴媽媽，她還曾經用手機把沒有起床赴考的學生叫醒，要他趕快來考試。而平常上課，也經常有學生不只遲到，甚至還在課室外群聚悠閒地吃早餐聊天，直到高興了再進教室聽課。

聽到這些故事時，媽媽心裡有一個很大的疑問：「他們是如何計算自己的人生？這些損失在他們的眼中是老師的、還是自己的？」

這兩年，當我外出演講，總有人會問我一個全台灣的父母都關心的問題：「妳覺得台灣的教育制度有沒有問題，要如何改善？」我覺得這個問題所關心的格局，已經透露出我們對教育價值的偏差思考。大家還是看到「制度」上的優劣問題多，關心「內容」的深淺少。於是當孩子過關斬將、順利進入大學之後，我們就不再像高中那樣，深切地注意教育到底好不好了。

比較矛盾的是，如果我們覺得大學之前的教育制度不好，太填鴨、不自由，孩子沒辦法在這樣的制度下學到自己想學的東西，那麼，上大學之後，為什麼孩子對學習無法產

人生不是一次的衝刺，而是每個階段努力的總結。大學四年是非常珍貴、特別的學習機會，不是苦讀十二年得來的犒賞。如何看待這四年，在進大學前有好的心理建設，計算人生的方式便不一樣。

生如魚得水的快樂？有多少人真正享受大學的知識生活？又有多少父母延續著對高中生課業的關懷，來了解孩子的學習？

Pony再過幾個月就要去上大學了，媽媽告訴妳這許多事，是希望我們能從別人的身上得到反省的啟發。

人生不是一次的衝刺，而是每個階段努力的總結。無論如何，大學四年是非常珍貴、特別的學習機會，不是苦讀十二年後得來的犒賞。要如何看待這四年，在進大學前如果有好的心理建設，妳計算人生的方式便會不一樣。

人生中的利與益

Pony在暑假中得到一個網頁設計的案子，起初，對方只是請她畫插圖，但這位才剛念完大一的小女孩卻膽大地對她的商家提案：「既然你們的商品是以『美』為主題，為什麼不讓我把整個網站重新設計、製作成更符合你們商業形象的作品呢？」對方思考之後，答應給她一個提案與議價的機會。

聽完報價後，她的業主質疑地說：「我並不覺得妳所開的價位不夠合理，但那是個專業的報價。」十九歲的孩子信心十足地回答：「我知道，因為我就是要提供妳一個專業品質的新網頁。」經過幾次討論，生意談成了，孩子也開始埋首於新工作，每天黎明即起，按著自己分割的項目努力。我每天回家之後，她總是興奮地跟我分享新進度。

一整個月，我看著她手繪許多給網頁的圖稿、整理產品的目錄，也外出去幫公司攝影取材，然後潛心把這些資料網頁的特殊效果一頁頁地做出，覺得效果不好就改，客戶不滿意再改。這段期間雖然也有許多人想請她延續去年的教學課程，但時間已不允許她再接受其他工作。

有位親戚聽說了這件事，不無遺憾地對孩子說：「哎呀！多可惜，這樣不就少賺很多錢了嗎？」那晚，我給一位朋友回信時談起了這件事，心懷感謝地寫下：「Pony在幫一個公司設計網頁，每天起早晚睡地工作，但因為

從頭到尾自己負責，所以是最好的學習與鍛鍊；畢竟，要磨得一種能力，是需要別人給機會與自己努力付出的。」

我信中所說的「機會」與「付出」之後所獲得的成長，在我的人生計算中都是工作酬勞的一部分。我但願孩子能看到金錢之外，這抽象的報酬其實是多麼有價值。

我常跟孩子分享一句話：「要說凡事都有利可得是不可能的，不如說：萬事都可從中獲益。」這利與益如果區辨清楚了，真是人生的一大禮物。

出社會之後，我做過許多事，有些工作所得的金錢報酬，微薄到精明的人忍不住要取笑我的傻，或嘲諷我不把錢放在眼裡。對於這些評語，我只能一笑置之，因為存在於工作中的價值常常不是他人可以一眼看盡的，但如果連自己都無法體會，那才是我真正的損失。

我問自己，我們花錢去上課是想要得到啟發、成長或豐富，如果這些期待在工作中出現了，我也一樣會重視並珍惜嗎？

有一天，我工作到好累，回家後坐在椅子上休息時，不禁回顧起這一天自己是怎麼過的。餐廳北遷之後，我沒有一日不連續工作十二個小時以上，如果遇到教學日，要關注的事就更多了。有時，的確忙到有虛脫之感，但是當我靜

「機會」與「付出」之後所獲得的成長，在我的人生計算中都是工作酬勞的一部分。我但願孩子能看到金錢之外，這抽象的報酬其實是多麼有價值。

下心來回想，因為這麼緊密的工作而讓自己獲得多少練習的機會，我的感謝之心便油然而生。

想起這十個月來，我已在新餐廳供應過兩百多道自己設計的菜色，每一種菜色都因為有機會不斷操作，而提供了我更完整的思考與改進，這是我體力辛苦所得到的一大報酬。無論我再怎麼喜歡做菜，這種反覆的練習是在家中無法擁有的機會，我怎能不為此而感到非常幸運呢？

教學也一樣，雖然因為精神集中，要處處顧著孩子的安全而無法放鬆，但從中我得到更深入的觀點，那不是紙上談兵的教育理論所能提供的經驗。每一次辛苦的實作，都使我對教學產生更穩固的信心。

我很珍惜工作所提供的成長機會，這與純粹的學習意義不同。至少，我從工作中清楚地看到三件「有益」的事——

在工作中必須學習符合他人的期待，因此這是最好的性格鍛鍊。
工作提供了練習的機會，從反覆中可以精進技術並體驗出更成熟的想法。
工作使我對時間必須有更好的規劃與管理，幫助我了解效率的意義。

真的，萬事都可從中獲益！如果這個社會有許多被利益沖昏了頭的主張，因而使你感到自己如此渺小，請不要沮喪，別忘了人生的決算有利與益之分，要緊緊掌握住那些對你真正有益的影響。

讓信心在實作中奠基

很多人看到我可以放心地把重要工作交給孩子時，總是訝異於我的大膽。家長紛紛問道：我們對孩子的信心到底該從何而來？於是在一場演講中，我放映了許多與孩子同工的照片，來說明自己累積「信心」的方法：
──仔細觀察
──用心、用方法帶領
──大膽放手

在我的經驗中，這不只是三個要件，其間的順序更為重要。如果少了「觀察」，即使非常有心，也常常會用錯帶領的方式；如果少了具體的帶領，一下子就跳到「大膽放手」，那「信任」就帶著冒險的成分，有時真的會造成不必要的錯誤或危險。所以，我總是膽大心細、按部就班地執行這三種帶領要方。

我所謂用心與用方法帶領的過程中，有四個準則：
──清楚溫和的語言
──具體的步驟
──寬懷的接納
──取法其上的高標準

有些人會覺得，教孩子做事，要求不必過高，等他們長大了再逐步修正就好。因此我要特別解釋對「取法其上」的想法。所謂的「高標準」，並不是要孩子凡事做到十全十美，而是希望他們養成做事盡心盡力的習慣。為孩子做示範時，應該用清楚的方法，展示美好與完整的結果。

我們不要忽略，有許多事，做一半與完整做好，所花費的力氣是一模一樣的，其中的不同只是「用心注意」的結果。所以，取法其上是一種自我要求，也是提供孩子專注力訓練的最好方法。

比如說：把脫下的鞋擺放整齊是一個動作，而隨意亂放也同樣需要肢體協助，所以，這並非需要逐步學習、分次要求的教育。孩子初次被教導這件事情的時候，如果有大人仔細地為他說明其中的美感，以及解釋這對環境整潔的貢獻，他們通常就能跳開「被要求」的命令執行，而主動思考把一件事情做好的益處與美感。

帶孩子做任何家事時，雖然因為經驗較豐富而有具體的方法可以相授，但如果帶領途中他們有意見或新方法，我都樂意聆聽與嘗試，這便是我說的「寬懷的接納」。

我一直都非常鼓勵父母自己要安靜下來執行教養的工作，不要讓生活總是處於過度活躍的狀態。少了安靜的心，我

教養不應該落在以愛為名的無盡擔憂中。

如果能從生活小事的教導，讓信心慢慢在實作中奠基，放手的那一刻，我們的寬心，也會帶給孩子可以安全飛翔的自信。

們便無法好好觀察孩子，而觀察不但是了解的開始，也是日常生活中不該中斷的關懷。

我深深感覺，二十幾年來，我的教養之所以能不斷有新生的力量，是因為在不同的時間中付出了真心的觀察。我越來越懂得，何時該給孩子有用的幫助與積極的建言，何時又應該耐心地等待。

父母努力教導孩子，為的是成全他們的獨立與自重，希望他們不用倚賴他人的照顧而能好好生活。在如此具體的目標之下，教養不應該落在以愛為名的無盡擔憂中。如果能從生活小事的教導，讓信心慢慢在實作中奠基，放手的那一刻，我們的寬心，也會帶給孩子可以安全飛翔的自信。

先分配時間，再安排工作

「如果不是因為有最後一分鐘，有些事情永遠做不完。」這句話大概很能說明我們一般人與時間的相處與追趕，不過，它也同時提醒了我要好好分配時間。所以，如果有人問起我如何經營生活時，我一定分享「先分配時間，再安排工作」的想法。

在一天之中，總有許多事等待著去完成，有些是屬於責任的，有些是自己喜歡的。每天我除了以「應該做」與「想做」來排列工作的優先順序之外；更重要的是，我會先排定時間的切割。在那有限的、可以運用的資源裡，如果不先安排時間，通常預定的工作很難一一完成。

我發現，跟時間相處不好的人，並不是忘了時間的存在，而是忘了下一個目標、下一件該做的事。所以，如果一件事不配合著時間的限制，清單上再仔細的規劃也常常無用武之地。我們一定都遇過這樣的情況：投入一件事，做著做著就忘了時間，等到想起時，早已錯過了該做的另一件事。

安排時間，其實就是為一件工作訂下時間限制。也許，剛開始的時候，自己預計的時間與工作的完成度會有落差，但如果不經過這樣的心智訓練，很難養成做事有效率的習慣。我們只看到自己不停地在做，卻無法檢視做的同時，是否方法要改進、思維要調整；有些一念之間的改變，的確能使

自己大有進步。但是，通常人是不喜歡被約束的，要督促自己常常想到時間的限制並不容易。

多年來，當我把一份工作交給新進的員工，並要求他們以限制內的時間完成時，常會在交接對望的那一眼中，看到一絲疑惑與委屈的神情。那抹表情通常都代表著在過去的工作裡，他們並沒有效率思考的習慣。一般來說，我們也都認定：工作態度好並願意投入的人，就可以算是熱情負責的工作者。不過，如果能為自己的成長思考得更深、想把一件工作做到輕鬆與勝任愉快，養成時間限制的習慣是絕對有用的。時間是人生的資本，在工作中計算與善用資本，是我不停學習的功課。

記得有一次我無意中發現，Pony在教畫畫的時候，竟要求學生在二十分鐘內就得完成一張簡單的作品。完成之後，所有的學生便加入評論，由她給予指導；等到畫與評論都完成，馬上又再進行下一個二十分鐘，節奏之緊湊讓我深感意外。我以為，所謂的創意與藝術都是悠哉悠哉的，沒有想到在藝術課堂上，她們是一直受著這樣緊密思考時間與行動的訓練。

當我跟Pony交換了時間限制的想法與這種方式所帶來的效果時，我們不約而同地看到一個非常重要的影響──限制與專心。限制時間幫助我們專心，而專心擴大了能力，使

安排時間，其實就是為一件工作訂下時間限制。限制時間幫助我們專心，而專心擴大了能力，使我們屏除一切無關的分心之務，更充分利用了各種感官的爆發力量。

我們屏除一切無關的分心之務，更充分地利用了各種感官的爆發力量。

有一段時間，我因為信件太多，回覆耽誤了其他工作。以一個作者來說，回信也是我該做的工作之一，但因為自己沒有好的計畫、沒有明確的時間安排，所以打亂了其他工作的進行。仔細思考後，我規定自己在一天中只騰出一個小時來讀信、回信；若讀不完，時間到了也一定要放手去做預定的事。我發現，這種有限制的時間安排，讓狀況變得好多了。雖然，我還是無法把每天增加的所有信件都處理完；但在同樣的時間裡，我處理信件的效率比之前進步，也不再讓信件增加這件事影響其他工作的正常運作。

每個人的生活裡都充滿了不同的活動項目，而手上只有那相同的一天二十四小時。如果不主動安排時間，生活很難穩定地掌握在自己手中，我們遲早會習慣於讓時間的流動拖著自己到處漫走。

了解工作的優先順序
—— 給庭宜的一封信

親愛的庭宜：

早上一起工作的時候，本想直接跟妳講解這件事的，但後來覺得這是一個
非常重要的概念，應該寫在信裡，但願妳能一直留著這份討論。

妳的確是非常能幹的孩子，記不得有多少次，我們全家談起妳都有不同的
讚嘆；Abby跟Pony姐姐也承認，以同年齡時來說，她們沒有妳能幹。也
是因為這樣，阿姨覺得現在跟妳談優先順序的判斷，對妳來說應該不是困
難的課題。

今天早上妳媽媽突然不舒服回家休息之後，我看到妳馬上加快腳步處理廚
房的工作，有條不紊地一件件完成我們請妳幫忙的事情。除了看到妳的基
本工夫與做事的習慣之外，更讓人讚嘆的是妳的穩重。雖然這個早上阿姨
原本是預計要去做其他工作的，卻因為臨時得頂替媽媽的位置，而不能不
改變計畫，但這個早上的變動對我來說非常值得。能看到妳這十個月來的
成長瞬間完整地呈現在工作中，我覺得很欣慰。

阿姨的高興從兩方面而來：首先是看到妳盡力在頂替媽媽的分工，這表示
妳非常了解她對工作的責任感；其次是，我看到妳不停地在注意時間，想

必妳已經在考慮要如何加快腳步，才不會因為媽媽的突然缺席而打亂進度。無論從親子之間的體貼、或一個工作者的責任感來說，我都對妳佩服有加，畢竟，妳才滿十六歲。

差五分十一點的時候，我走出廚房，看見妳正在跟一位女士談話。跟她點頭招呼過後，似乎聽到她在詢問妳中午訂位的問題。所以等我再走回櫃檯時就隨口問道：「剛剛那位小姐有順利訂到位子嗎？」妳們三個雖然手都在忙，卻異口同聲地回答我：「沒有，位子都訂滿了！」我馬上又問：「中午的訂位已經全都確認過了嗎？」又是一陣默契極好的回答說：「沒有！」

當時，我覺得很訝異，都快十一點了，卻沒有人想到要去確認訂位。還有，就算因為今早一陣突然的忙亂而忘了這個工作，在那位女士親自來店詢問時，你們也應該要想起原來的訂位可能會臨時有所變動。我的意思是說，如果你們並沒有做過確認，為什麼能肯定地告訴剛才那位現場的客人沒有位子？

在提醒你們這件事有多麼重要時，妳的回答使我想寫下這封信，好跟妳做更深刻的討論，因為妳似乎沒有完全懂得我的提醒中所指出的重點。

妳當時有點委屈地回答我：「可是，我們從早上開始一直

每份工作都包含著許多的細節與片段，都做好了才是一份「完整」的工作，如果我們錯過了應該先做的事而沒有動手，它的影響往往會更大。而決定許多事當中哪一樣該先做的判斷，就叫了解「優先順序」。

都在忙啊！」那句話的後面，似乎還有沒說完的一半是：「我們並沒有閒著，只是沒有人來做這件事。」

庭宜，這就是Bubu阿姨要跟妳討論的優先順序，而我的話並不是責備，而是指導。每一份工作都一樣，包含著許多的細節與片段，都做好了才是一份「完整」的工作。為了要達成任務，於是我們分工、同時執行不同的工作。就是因為如此，得有人能看出哪些事該先做，哪些事可以緩一下。這並不是說其他事就不重要，只是如果錯過了應該先做的事而沒有動手，它的影響往往會更大。決定許多事情當中哪一樣該先做的判斷，就叫了解「優先順序」。如果今天早上你們三個人在同做一件事的時候，能早點協調出一個人手來做訂位確認的工作，我認為這個安排會更好。

庭宜，阿姨希望妳開始學習，在每一天的工作中排列出先後的順序，即使時間上沒有非常緊迫的要求，也練習這麼做。一旦習慣這樣的思考，妳掌握工作重點與統籌的能力就會越來越強，做起事來也會更得心應手。

另外，我還要再跟妳說一聲，在工作中得到任何的指正時，就把它當作是一種合理的討論，不是挨罵。如果妳在聽完我的話之後說的是：「喔！好，我們下次會注意。」會讓我覺得輕鬆許多。我們回應一件事情的態度與語氣，都表達了我們接受時的心情，這是不能不注意的事。討論工作的時候，就讓我們更像朋友——願意互相學習、想讓工作更順利進步的好朋友吧！

要快就要慢

「要快就要慢」是奶奶的名言；是專給我那雜事纏身、行動快速、三頭六臂的母親的建議。

雖然奶奶好聲好氣、緩緩地勸說：「美容，要快就要慢！慢慢來、慢慢來。」但母親不諱言在她年輕的時候，當生活中有那麼多事總是同時發生、一件也不能放下的階段，這樣的勸告她聽不懂，心裡只嘀咕著：奶奶可以這樣條慢理斯，只不過是因為她沒有那麼多事得做。

奶奶過世後，我也經歷了人生不同的階段，而母親邁向了樂齡，雖然仍很積極，但她的生活腳步終於也慢了下來。有時候，爸媽來探望我，看著我工作、看著我們夫婦走路的速度，母親會忍不住說：「你們動作太快了，讓我看得頭很暈。」這時候，奶奶那句至理名言「要快就要慢」，就會成為母親給我的建言。

乍聽之下好矛盾的一句話，快與慢這樣的連結根本不合理。想想看，誰會去勸一個需要快一點完成工作的人「慢慢來、慢慢來」？而我們也多麼習慣對孩子說「快一點、快一點」、「難道你不能快一點嗎？」盡管得的並不是急驚風，但是誰也不想做事遇上慢郎中。我們所知道的道理是：要急才會快，要快才會到。

在多年的工作經驗中，我也從來沒有遇到過一個讓我覺得
看起來雖然很慢，但其實快到真能嚇人一跳的工作伙伴。
似乎，一個人的快與慢，還是非常外顯於動作的急或緩。
一直到認識小米粉之後，我才重新領略到快與慢的意義。

如果以外表來看，小米粉的確是有些慢的。她給人慢的印
象，其實是因為她對事情的反應很平和、很不誇張，她像
一塊磁鐵，似乎遇到什麼事都能全盤吸收，波瀾不驚。

因為要把她訓練成更能掌握全局的料理者，所以我常常在
提醒她，動作與動作的連結要更快一點；那快，是為了要
掌握一道菜最好的時刻──最好的溫度、最好的鮮度、最
好的彩度。我常在想，我真的很喜歡小米粉的溫和勤勞，
但如果她能再快一點，不知道有多好。

雖然心裡惦記著如何訓練她，但一起工作越久，我就越注
意她對於工作安排的思考其實很嚴密。還有，她工作的時
候很專注，從不跟人閒聊。比起一開口就停手或容易分心
的人來說，她完成一件事的速度，一點都不慢。

對照於她穩定的心情、穩定的動作，動作快卻不思考、或
常常犯錯需要他人幫忙來挽救狀況的人，似乎才給了快與
慢重新評估的機會。

要慢才會穩，要穩才會快。對照於穩定的心情、穩定的動作，動作快卻不思考、或常常犯錯需要他人幫忙來挽救狀況的人，似乎才給了快與慢重新評估的機會。

我慢慢從小米粉身上、從工作與生活的經驗中，來重新解讀奶奶的這句話。原來：要慢才會穩，要穩才會快。我不只要懂得給別人工作建議，更要督促自己實踐那些建議當中應該力行的道理。

把眼光停在最後一瞥

我聽到乒乓一聲，不用走近也知道又有杯盤打破了。在緊急的工作節奏裡，責備當然不是好方法，我得先進行「搶救」。

搶救什麼呢？在忙亂中打破東西的人通常很緊張也很自責，一慌就難免徒手去撿碎片，這時，旁邊最好有人立刻幫忙，以最快的速度先理出一個安全過道，不要讓碎片再傷到人。一方面因為工作流程不能就此暫停，所以要疏散聽到聲響、放下手邊事情想圍過來幫忙的其他工作人員，提醒大家維持正常速度讓工作運作下去。這就是一家餐廳在最忙碌的時候有人打破東西的實況，器物的破損只是其中一項看得到的損失，造成的慌亂往往是更嚴重的困擾。

快速忙碌中打破東西當然在所難免，不過，如果仔細思考，我們大有機會可以避免這種錯誤。我最常跟大家提的是：如果動作要穩，一定要把眼光停在最後一瞥。

不知道有多少次，我早上進廚房打開冰箱，一個淺淺放在門邊的東西就應聲跌落地上。如果那剛好是個玻璃器皿，我就得花上一段時間清理；即使那天我的運氣很好，放東西的人用的是一只不銹鋼容器，但因為食物通常會夾帶湯湯水水，我也要為那飛濺四方的汁液付上好大的代價——那些

清理的工夫我可以用來做多少事？有時候，心裡好懊惱，忍不住抱怨到底是誰的傑作，心想：「為什麼放東西的時候，不能定在最後一眼，仔細看好再放手呢？」這種在幼稚園裡早已該訓練完畢的「手眼協調」，我們卻沒有沿用在日常的工作中，讓小心穩定變成生活的好習慣。

我仔細觀察過許多外場服務員，如果常常打翻東西、打破杯子，通常是因為他們沒有把眼光停在最後一瞥，當手還留在上一個動作的時候，眼神早已移向下一秒。這並不是他們不關心工作的運作，相反的是：因為很關心，所以太急切。

我不想用「粗心」、「草率」這些字眼來談這一類的工作疏忽。這些字眼我們都聽慣了，不會有太大的感覺，而且它也不過顯示一種結果的評斷，被批評的人並沒有得到積極的建議。在工作中，我總是思考要如何給他人真正有用的建議，讓聽取的人能循著具體的方法改善無心之過。「把眼光停在最後一瞥」，就是我對常常打翻東西的人最好的行動建議。事實上，當我們可以把眼睛停在動作的最後一眼時，我們的心通常也非常專注，而專注將幫助我們達成任務。

我常常允許小小孩去做很多大人認為他們的年齡還無法勝任的工作，我的信心來自於觀察。當孩子們小心翼翼，眼

> 要培養出好的動作之前，我們得記起自己有一雙眼睛，它就是代替心在督導我們的動作。當我們能把眼睛停在動作的最後一瞥，我們的心也因此非常專注，而專注將有助於達成任務。

睛永遠注意著自己的行動時，通常很少會犯錯；錯誤是在自以為熟練，不再費心留神的時候發生的。

如果我看到洗過手不肯好好把手擦乾的員工，我會帶著她先去看那水漬滴在地上、經過大家踩踏後所造成的污染。生活或工作場地的品質好不好，每個人的小動作都好重要。但是要培養出好的動作之前，我們得記起自己有一雙眼睛，它就是代替我們的心在督導我們的動作。所以，留心、留神，也留意動作的最後一眼吧！

◆ 補 記

給予有用的建議

除了一場混亂的責罵聲之外，我們常常不知道該如何處置或教導孩子屢屢錯誤的生活行為。因為錯是無心犯下的，所以怒氣之後就只好丟下「小心一點！」「細心一點！」「以後不要再這樣」之類不痛不癢的話，來告誡他們。

不過，講的人在講，錯的人繼續錯。所以，我喜歡仔細檢查小小動作的錯誤來源，只為要給孩子一個有用的建議。因為我記得有句話說得好：「責難是最容易不過的了。看出毛病並不需要什麼特別才能，可是要看出怎樣才能改正過來，卻需要一點眼光。」

等孩子一下

教孩子做家事，最能考驗父母掛在嘴邊的教養觀念與自我期待的耐心。因為我們「怕錯」的擔憂，往往驅使雙手忍不住要去搶孩子正在進行的工作，搶的同時，心裡卻還是惦記著專家提醒父母要給孩子足夠的鼓勵。所以，我最常見到的情況是，一邊搶著幫孩子完成工作的父母口中還同時喃喃對孩子說：「你好棒喔！自己做完了。」

每當旁觀這一景時，我總忍不住要去揣摩孩子當時的心情——他們會不會很希望大人給一點時間，讓他們以自己的思路慢慢完成手中的工作？

其實，我口中的「慢」是未經過時間計數的說法。我用「慢」字，只是因為孩子需要的一點時間，那「稍待」與父母的「急切」剛好形成大反差。就算這當中的差別只不過是幾分鐘的延誤，但對焦躁的父母來說，不管多久都一樣是難耐的等待。

父母生活忙碌，沒有多餘的時間跟孩子琢磨或許是個好理由，但如果在時間非常足夠的情況下，我們也真的會願意等待孩子自己去摸索學習嗎？我們會允許他們做錯了重試嗎？這是一個值得好好自問的問題。

在我的記憶中，很少母親比我的母親忙碌，但工作如此緊迫、行事又極有效率的媽媽卻從不搶我手中的工作。她深知節省時間的好方法，是用精準

的語言使我在不同年齡了解她的教導。時間值得花費在看
我把事情從「不會」做到「更好」，但不可浪費在無謂的
拖拉或溝通中。

端午節近了，我想起小學跟母親學包粽子的情景。因為家
裡工廠忙，母親必得利用夜晚飯後的時間來進行餡料與粽
葉的整理工作。她交代我放學後早點把功課做好，因為她
需要我的幫忙。於是，那幾天我總是好興奮，回家後比平
常更有效率地先把所有屬於自己的工作完成，飯後就安心
地與母親在廚房裡為節日的美食忙碌。

母親教我月桃葉該如何整理清洗，為什麼要先煮過，又為
什麼梗較粗的地方得修細，才好折彎而不破，那些話語對
幼年的我來說，既清楚又實用。她會自己先洗幾片示範給
我看，接著看我洗一兩次，就信任地把工作完全交給我。
媽媽告訴我，因為我幫她洗葉片，她可以去炒蔥頭、滷豬
肝，等她做完，我們又要一起做哪些工作。每次媽媽帶我
做事時，總會先不厭其煩地把整個計畫與時間規劃說清楚，
這使我從生活中完全體會到時間管理的概念。

就這樣，母親輕易地在工作中帶起我對一件成果的期盼、對
一份工作的熱忱，因為她總是把我當成並肩分工的好伙伴。
她對我最好的讚美，就是一再地交託重任給我，並且無論有
多忙碌，都知道等我一下是使我能幹最好的機會。

每次媽媽帶我做事的時候，她總是把我當成一個並肩分工的好伙伴。她對我最好的讚美，就是一再地交託重任給我，並且無論有多忙，都知道等我一下是使我能幹最好的機會。

做與錯

在小米粉溫和冷靜的表情下，還是看得到一絲尷尬，她緩緩地對我說：
「Bubu老師，我的布丁好奇怪，有一盤成功了，另外一盤卻沒有熟。」

我仔細觀察了她完工的兩盤布丁，一盤用的是小焗烤盤，寬而淺；另一盤
則密密擠擠地排著每瓶都裝了三分之二滿蛋汁的保羅瓶。當然，瓶裡的蛋
奶汁還在搖晃，而另一盤的法式布丁已完全凝固。

我問了小米粉幾個問題：

她烤這兩盤布丁的溫度與時間都相同嗎？
發現不熟之後，她的補救方法是什麼？

這就是我在工作中遇到問題的處理態度──一定要找到出錯的原因，徹底
了解各種影響的因素，再從而推論出合理有效的改進方法。

雖然在「努可」咖啡館的時候，小米粉常常烤布丁，也很少失敗，但是，
我發現過去她的學習是在固定條件裡重複相同的經驗，並沒有被告知原理
是什麼。所以，她所能掌握的只是某一種情況下的成功，一旦條件改變的
時候，她並沒有想到應該做出合適的相對調整。

小米粉跟著我工作之後，我看到了她的天份、她的熱情，因此更了解自己的責任不只在教會她新的技能，我想透過工作檢討來幫助她建立有用的思考習慣。因此，我不讓她在對或錯裡碰運氣，我要她透過真正的了解，去掌握更高的成功率。

那盤保羅瓶當然不可能會熟，因為熱氣在瓶間沒有循環走動的路徑，只能從上或下供應。如果加高溫度，從上而來的熱過高，上層奶皮很快會皺起，而瓶子四周所需要的熱度還是因為瓶與瓶太擠而無法得到足夠的供應。她的補救方法不應該只是增加溫度或延長時間，而是把一盤分成兩盤，拉開瓶子與瓶子之間的距離，讓熱度有好的流動。

「知其然，不知其所以然。」是許多人的思考習慣，但我深知了解基本原理對一份工作有多重要，因此不斷鼓勵小米粉一定要探究根本，才能舉一反三。事實上，這也是學習上縮短摸索時間最有用的方法。

儲存蔬菜在冰箱中，用紙比用塑膠袋容易保鮮，為什麼？
用噴燈可以更快把多餘的氣泡除去，為什麼？
用米水可以把蔬菜泡酸，為什麼？
為什麼要先曬過太陽、晾過風？
為什麼有些點心不能完全退冰才烤？
為什麼同一瓶鮮奶油，有時很快打發，有時不能？

我們不只要學習別人的經驗，更要了解這些經驗總結背後的那番道理。工作中的每一種對與錯都自有它的意義，我想用日漸深刻的了解，為自己累積出堅實的工作力。

我整天逼迫店裡的工作人員思考工作中所發生的問題，而不是只戰戰兢兢地遵循我所教導的要訣。

我們不只要學習別人的經驗，更要了解從這些經驗總結背後的那番道理。工作中的每一種對與錯都自有它的意義，我想要深入其中的道理、想用日漸深刻的了解，為自己累積出堅實的工作力。

重創五分鐘的價值

如果沒有辦法跟大家一起做餐前的準備工作，我也希望在供餐前能提早一點進廚房。整理好服裝洗過手後，我一定先站上自己的工作台，檢查所有的食材是否備妥，然後思考一下，以當天的餐點來說，材料的位置該如何擺放才正確。那五分鐘的調整，會讓稍後的工作順利許多。

進入供餐的尖峰時間後，廚房的帶狀工作快速地推動著，餐點越複雜，桌面與爐台的條理就越重要，否則光是為了尋找或不停的挪動，就會耗掉許多時間。

點單一張張從電腦傳進來後，時間的流動成了廚房工作者的巨大壓力。要如何安排工作流程才能增加產能，是我最常思考的問題。我常常在緊密的工作中騰出五分鐘，把已經運作了一小段時間的工作台稍事整理、擦拭一番。如果有幾分鐘讓我調整手邊動線，那番整頓常會重創出不同的價值。

比如說：把幾盤已經用掉大半的配菜重整成一盤，以縮小工作台的佔用面積；醬料小鍋應該再添隔熱的水並擦拭鍋邊，以保持溫度與濃度。工作中，每一個小時材料的量都會產生變化，如果沒有運用其中的幾分鐘快速整頓自己的工作環境，混亂是必然的；而亂所造成的阻礙與損失，我們卻常常看不見。

我很怕亂，因為任何的亂都會帶來負擔；更糟的是，我們常常因為忙碌的飽滿之感，而忽略了實際之亂所耗費掉的各種成本。

想想看，在過去的一個星期中，我們曾經用了多少時間來找東西，或挪開阻礙工作的物件？我常常問自己的一個問題，不是我已經完成多少事，而是我花了多少時間完成這些事。在這當中，我可以看到亂之害。

亂有兩種：一種是心裡的。思路的亂很可怕，在生活裡闖進闖出毫無頭緒。每當自己有這樣的狀況，我就利用短短的五分鐘坐下來，把腦中同時運作、條理散亂的想法用紙筆條列出來。我用具體的行動來規範跳脫的思緒，這是安定心情的好方法。也許在一天裡，突然出現很多該做的事讓人感到緊張，我會勸自己不要光想，越想只會越慌亂。我坐下來，把該做的事一件件寫下來，具體的項目因而看起來比心中原本的擔憂輕盈多了。然後我分配時間，動手去做，享受做完一件是一件的樂趣。

另一種亂是實務的亂：例如環境的亂或時間的亂。環境的亂會直接耗費掉看得見的成本──時間與品質。重視這個問題的人一定了解舉手之勞的意義，妥善的維護與正確的使用方法最能減少亂之害。

工作中，任何的亂都會帶來負擔。我了解時間永遠有限，也了解主動避免各種亂所帶來的效益；如果有可資運用的五分鐘，我就試著重創它所帶給我的價值。

我常覺得人生有兩種過法。一種對生活不經意，等大亂的時候再來檢討或整理，那有點像我在路邊看到有人清理桌面的方法──先把桌面的髒亂全掃下去，再拿掃把來掃地；另一種是常常檢討、整理，對亂之害永遠有先見之明的自覺。

我了解時間永遠有限，也了解主動避免各種亂所帶來的效益；如果生活中有那樣可資運用的五分鐘，我就試著重創它所帶給我的價值。

◆ 補 記

用「美」的展示來引導

想為孩子建立好的習慣，除了以身作則之外，大概很難有更好的方法了。但是，也有不少父母抱怨自己既有條理又愛乾淨，孩子卻不受影響。

我總覺得孩子在小的時候因為生命經驗淺，有時很難單從「好處」來接受一種習慣的養成；如果用「美」來引導這樣的想法，卻常常有預料之外的效果。或許就如畢卡索所說：「每個孩子小的時候都是藝術家。」沒錯，我所帶過的每一個孩子儘管對美有不同的堅持與詮釋，但他們對於「追求美」這項心智活動卻全然地熱情。

所以，我不喜歡用僵硬的規定來教導他們學習生活中的整理習慣，我喜歡「展示」，從而誘發她們去體會，「同樣」的一份工作中，雜亂與條理之間竟有如此的差異，而後再從美來討論效益的問題。

我會跟孩子解釋，為什麼我的餐盤要如此整齊地排列在櫃中；為什麼我做菜的時候，準備過程中仍會注意這麼多的細節；這些都是對於整理工作的美的展示。當日子慢慢累積足夠這些主張與示範之後，她們漸漸成長的心就更懂得其中效率的意義了。

學習是失敗重來的經驗

在帶小廚師實作的過程中，每每會看到孩子遇上問題時的兩種反應：一種是稍有不順，孩子的手與神情便同時一攤，期待馬上有人來接替完成手中的難題；另一種孩子則會堅定地表達「我要自己試試看」的心意。

這些反應提供給我的訊息，並不是孩子的性格傾向或能力高低。在我的眼中，孩子的每一個階段都有成長的契機，時間點常常決定於他們何時遇到好大人；如果我們願意提供養分與空間，孩子便有無限成長的可能。

我所觀察到不同孩子所顯現的特質，代表的並不是定論，而是他們所受的影響。從這些反應大概可以推想，孩子是在什麼樣的教導模式中成長，這幫助我找出引導孩子的新方法。

雖然，沒有人會為孩子的家事能力給予評分，但是，如果父母想要檢視自己的成果，我認為最有效的評量，是觀察孩子解決問題的態度與能力。在這種省視中，父母不只看到孩子，更看到自己。

遇事撒手不管或一心想得到幫助的孩子，通常是因為問題還未發生便有人承接，或是遇到困難試圖自己解決後卻從未能得到認同，所以他們缺乏與困難磨合的經驗。

有時候處事特別能幹的父母，最容易犯下搶奪孩子成長機會的過錯，因為他們完整的經驗，不容孩子再花時間自己去探討、摸索新路。在這樣的經驗中成長，使孩子得到一種印象，認為自己無法把工作做得夠好。無法得到獨力完成工作的成就感，之後如果再遇困難，便很難有勇氣或習慣去克服。

學習是嘗試的過程、是失敗重來的經驗，做家事的確可以讓孩子重複這樣的經驗與體會。

孩子做家事的時候，我們觀察到其中的失敗或阻礙，然後給予具體的指導，鼓勵他們再試一次、幫助他們達成完整的經驗，孩子就會從天天接觸的事物中，慢慢累積出接受新任務的信心。

有一次，一個小一的孩子把做了一半的工作順手丟開不做了，我問他為什麼？他只懶懶地答道：我不想做這個。我看了一下成果，心裡猜想這工作對他來說並不順利，但並不確知原因是什麼，所以邀他一起再做一次。因為有人陪伴，孩子雖不是十分樂意但也勉強一起同做。在重做的過程中，我發現他對工具的使用沒有信心，無法領略做好的樂趣，完成的結果也沒有其他小朋友來得漂亮，也許是因為這樣，所以他不想做了。

在孩子做家事時，我們觀察到其中的失敗或阻礙，然後給予具體的指導，鼓勵他們再試一次、幫助他們達成完整的經驗，孩子就會從天天接觸的事物中，慢慢累積出接受新任務的信心。

我花了一點時間跟他討論工具的用法，鼓勵他一試再試，幾次之後，孩子突然在重做當中領略了自己的手與那工具之間的美好協調，小臉龐馬上飄過一絲純然喜悅的神情；完成之後，還問我可不可以再多做一些。

每個父母都希望孩子不要依賴，卻常會忘記獨立代表的是完整的經驗；而這種經驗，我們可以從生活中找到不斷練習的機會。

學會與做完

我帶一個小一的孩子學切菜,她的身邊同時有許多有趣的工作正在進行,比如說:廚房裡有人在烤甜點,而大桌的另一頭有小朋友在翻動麵糰準備做拖鞋麵包呢!我身邊這個沉默的孩子正一心一意地揮動著自己手中的小刀,把擺在眼前的一大盤彩椒全切成細細的丁塊。她完全不為其他事物分神的專心之情,讓人看了非常感動。

這位小朋友是第一次學習用刀。我拿了砧板,幫她墊了塊潔白的抹布,以防滑動會造成危險。我笑問她怕不怕刀,她沒有明確回答我,神情雖有些嚴肅,但臉上卻情不自禁表達了極想嘗試的心情。

我從背後圈圍著她,雙手托起那雙稚幼細小的手腕,讓她從我手中的動作感受穩定的握刀並體會施力的方法。我們先用拖力把剖成兩半的甜椒切成直條,再運短刀法,把細條切成小丁。幾次之後,我就放手讓孩子自己切切看。仔細在一旁看著她安全地切過幾次之後,我放鬆心情拿了其他食材在一旁整理,與她為伴。孩子聰明又專注,所以,一下子就把我所教的全學會了;不只學會,而且做得非常好。

經驗中,有些小朋友會因為「學會」了某一件事,就想更換別的工作;如果他們被要求繼續完成一件事,有時候小臉馬上就露出「不好玩、好無

聊」的神情。在這方面，我算是經驗豐富的大人，知道自己一定要更耐心地用請託與說服的方式，來安定孩子的心情。我請他們不要急急更換任務，為的是讓學習更穩固，也讓團隊的工作能運作順利。

因教學而接觸到更多的孩子之後，我開始用另一種角度來思考「帶領」的意義。我相信父母應該能確定，「學會一件事」與「做完一件事」其實是同等重要的功課。因此，在教育上不該功利地鼓勵孩子貪多務得，使學習一直停留在「會了」、「看懂了」如此薄弱的根基之上。鼓勵孩子「多嘗試」當然是一種寬廣學習的引導，但不應該失去理想的均衡比重，使他們養成不新鮮、不刺激就無法安定下來的學習性格。

我認為耐力應該從小被培養，如果「學會」了還能耐心做下去，才能真正完成一項美好的結果。我們都了解，在真實的社會裡，「懂」的人不一定能成為領導者；成就功效的是腳踏實地堅持去「做」的人。

每次，當我帶著孩子耐心地把一件件小事完成，因而在最終集合成一件完整的大事時，我總會想起，在思想如此開放、學習機會蓬勃的社會中，如果我們願意，一定可以把兔子的敏慧與烏龜的耐力融合成教養孩子的美好啟思。

「學會」了還能耐心做下去，才能真正完成美好的結果。我們都了解，在真實的社會裡，「懂」的人不一定能成為領導者；成就功效的是腳踏實地、堅持去「做」的人。

決定

在廚房裡，我們永遠都在做決定。

走進廚房，該從哪件事做起？同時做幾件工作的時候，如果計時器響起，要放下哪件、先做哪件？接到伙伴的工作支援請求時，該不該中斷手裡做了一半的工作？這通常得馬上通過優先順序的判斷，做下決定。

連燉一鍋牛肉這樣的工作，該用多大的鍋來裝是最省時、省燃料的，都是一種決定。

一朵花椰菜夾起來要配盤的時候，也立刻要決定用哪一面，才能把它最美的感覺呈現在盤子裡。

我相信，如果廚房裡少了這些常常因為條件改變而必須做下的決定，我們就會像機器人一樣，不用思考只按照手冊把食物做出來、端出去。這絕不是我對自己的期望，也不是我要提供給伙伴們的工作條件與生活方式。

有一天，當我在Bitbit Café與Abby同工的時候，我輕輕對她說了這個想法。當時她只無限同感地對我點點頭，然後我們馬上又進入更專注無言的工作中。之後，我看到她在自己的部落格裡寫下了這個分享的延伸。

1/6/09 - Lunch at Bitbit Café.

"We are decision makers." My mother explained to me. "Our job in the kitchen is to decide what to insist on and what to give up. You only have so much time. You must decide what's the most important thing for you at every given point and act accordingly. Be flexible with the rules but don't compromise blindly."
Sounds alot like my job at the Daily Pennsylvanian.
Sounds alot like life, actually.

—

One of our chefs took the morning off, so I worked as mom's partner for today's lunch. At the end of our peak hours, she turned around and smiled at me. "Now I know that competence can be generalized."
I was surprised. "Are you calling me competent? Here?"
"You really are." She said.
I am bragging. I don't deny it. This is just such a compliment, coming from my mother. Not because she's stingy with praises but because she is the most competent person I know.

或許是因為孩子從小在我身邊長大的十八年中，我習慣把她們當成我最要好的朋友，用每個階段中孩子所能懂得的語言，對她們訴說自己對生活、對工作、對人際互動的感想。所以等她們長成之後，親子間總是很快就能抓住彼此

我是承認生命與生活都應該有所限制的；
我也喜歡在有所限制中，找到自由與自在的飛翔方式。
每天，我都在這種微妙的平衡裡，做下新的決定。

最深刻的感觸。

也或許是習慣在每一次做決定時，我都把下決定或改變決定背後的想法說得很清楚，因此養成了她們接受不斷變動的決定時，有一種超乎期望的理解力。那種理解力在小的時候顯於外的是看起來很「乖」、很「順服」；等她們長大了，必須完全面對自己的生活時，就成了一種對不同景況的良好適應力。

做了二十幾年的餐飲，我學到最大的功課不是我「能」做什麼，而是我「不能」做什麼。一等這限制被自己明確地接受之後，我就在框框裡任意馳騁，做我最想做的事；在條件的界線中，做自己所能做到的最好。

我想，我是承認生命與生活都應該有所限制的；我也喜歡在有所限制中，找到自由與自在的飛翔方式。

每天，我都在這種微妙的平衡裡，做下新的決定。

工作服的意義

《美麗佳人》的攝影與編輯來訪時，我應門是穿著圍裙的。開始採訪拍照後，我沒有問該不該把圍裙換下來，而兩位年輕人也沒有特別提起。當時，我正為他們所要採訪的主題「食物」忙著擺盤、翻看烤箱，在工作中穿上一件合適的工作服，對我來說是非常重要的裝備。

雖然，工作服只是一件衣服，不是非穿不可才能工作的衣服，但是它卻能給人一種「做什麼像什麼」的真實感，也提供了有利於工作的方便。穿上工作服後，就理所當然可以放手做去了。

小時候，母親對我們日常的服裝有很嚴格的要求。比如說，起床後一定要換下睡衣，即使是假日也不能穿著睡衣上餐桌；比如說，打掃的時候要換一件俐落點的衣服以便活動。如果仔細體會其中的不同，一件服裝所帶來的工作效率絕對是不容忽視的。

有一幕情景，我想了好幾年還沒有想出答案，不知道是因為身在其中的人不知不覺，還是大家習慣高度忍受問題。不過，因為印象太深了，所以我常講給兩個女兒聽，想學母親一樣叮嚀她們，無論做什麼，希望自己從裡而外都像模像樣；更不要養成對問題視而不見的習慣。

先看重自己的工作，別人就會尊重你的工作精神。一件合適的工作服代表的不只是經過周延思考的需要與應用，也代表了已經準備好要專心投入工作的精神。

有很多加油站都附設有快速洗車的服務，除了一個滾帶式的自動清洗房之外，多半還僱有一些年輕工讀生以手工做更細緻的刷洗服務。他們的工作是先用水柱與清潔泡沫噴洗、抹刷，再加強特別骯髒的幾個重點。因為水柱很強，風向又無法控制，工作者在某個程度上一定會被淋濕，最嚴重的通常是腳底到膝蓋的小腿部位。因為，地上幾乎永遠是濕的，而他們工作時就踩在水灘之上。

即使在夏天，那永遠濕淋淋的感覺也一定非常不好受，更何況在寒風吹襲的冬天裡，他們是如何維護自己的健康？整天讓身體的某一部分泡著水，不會感冒嗎？我每見一次這種景象，就不禁在心裡打個好大的問號；當然，還有一個更大的問號是：這應該不是無法解決的問題吧？為什麼多年來不曾見到改善？

一雙長統的雨靴當然會有幫助；一件防水、輕薄的工作服可以解決多少問題！可是這麼多年了，他們卻任由同樣的困擾圍繞著自己，不曾改變。

我想，一件合適的工作服，代表的不只是經過周延思考的需要與應用，它也代表了已經準備好要專心投入工作的精神。所以，只要少了一條圍裙，我就無法在廚房裡自由的來去。

◆ 補 記

看重自己的工作

「做什麼像什麼」不只是一種心理準備，職場上也會有具體的配置，以象徵職人專注全然的精神。記得兩個女兒從幼稚園開始幫我做家事洗碗起，我就讓她們穿上圍裙，有模有樣地工作。如今她們若走進我餐廳的廚房，我一樣也會要求她們先穿上工作圍裙。

我希望她們了解做一件事的時候，全心投入是有方法的；先看重自己的工作，別人就會尊重你的工作精神。Abby後來告訴我，她在《賓大日報》工作時，每次出去談事情，都會想到我的叮嚀。她知道要穿得整齊，好讓別人感受到她自己對工作的重視。

下班了就要走

晚餐開始前，我再度走進店裡的時候，看到已經交班了的工讀生還站在櫃檯區。我跟她揮揮手，聽到她親切地叫我。走進廚房穿上圍裙、在口袋塞好擦手布後，我開始檢查餐前的每一項工作，確定是否都已就緒，再繞回櫃檯察看甜點的準備細節。那位應該下班的工讀生還站在櫃檯裡，而我們已拉起鐵門要迎接晚餐的客人了。

起先，我以為有什麼事讓她特地留了下來，於是趕緊問道：「有事找我嗎？」她笑著回答說：「沒有啊！」「那趕快回家了吧！」我接著說。她笑得更可愛了，似乎要我別擔心，反過來安慰我說：「沒有關係的，今天不趕。」

一聽完這句話，我才了解我們之間對「回家」這件事的想法非常不同，顯然彼此會錯意了。所以我連忙提醒她：「可是，我們要開始工作了。」我知道這句話聽起來像在下逐客令，但是，對一個服務業的職場來說，下班的人離開是一種禮貌，也是對留在崗位上同事的一種尊重。

我常叮嚀 Abby 和 Pony 去幫人工作時，不要有「我已經下班了，即使還在工作場上徘徊，但沒有支領薪水，而且如果有必要，我也會隨時幫忙！」這樣的想法。其他職場的負責人怎麼想我不知道，但在我自己的職場裡，

這是一種困擾。

首先，無論是從衣著舉止或工作精神上的規範來想，上下班的標準當然不同，如果一位當班的員工漏失了完整的服裝配備或舉止不當，我以工作的標準來勸導要求，是很簡單的邏輯。但對於一個下了班、輕鬆以待的員工自願來幫忙，我既不能不知感謝也不能不堅持標準，進退之間都是困擾。

我曾想過，即使自己不是老闆而是一個當班的員工，面臨這種情況也很為難。我本來應該專注於工作的，但下了班的同事想跟我聊聊或幫忙，如果不搭不理、拒人於千里，似乎不近人情；如果要跟她聊天，自己會不安，工作態度也顯得不敬業。

因為這些工作的認知，我養成了一種習慣：在結束工作之後，會馬上離開還在運作的職場，因為我不想影響其他人的工作專注與時間安排。這種思考習慣讓我外出作客或參加活動時，非常注意結束的禮貌，時間到了，一定告辭。

告辭是一種藝術，讓好的開始有完整美好的結束。

真正自由的人可以駕馭心情與時間，好好停在應該結束的點上，繼續下一個預定的行程。我希望從「停」這件基礎的生活功課，跟孩子好好一起學習自由的意義。

◆ 補記

學習「停」的藝術

我自己舉辦教學活動的時候，總會提醒父母注意，要記得為孩子們示範一個好的結束禮節：

——約定的時間到了就該主動告辭。
——以具體的言行教導孩子告辭的禮儀。

有一次Abby和Pony看到我這麼做時，對我豎起了大姆指。她們說，這讓人想起小時候無論去參加什麼聚會，我對於「結束」這件事情總有堅持的原則：再怎麼好玩，回家的時間到了就要回家。孩子說，長大之後，她們更了解，「好的結束」對他人跟自己的重要意義。

又過了幾個月，Pony在一次電話中跟我聊起時間管理的問題。她說建築系的課業很重，她還要兼顧生活與打工，「說停就要停」是她如今常常反芻的一個想法；過去，我曾給過她們許多此類的教導。她問我，有同學為了功課打算停掉所有的社交生活，這會不會失去生活的平衡？我給她的建議是：沒有這個必要，人需要參與不同的生活；不過，我也提醒她，真正自由的人可以駕馭心情與時間，好好地停在應該結束的點上，繼續下一個預定的行程。

的確，在自我管理與時間管理上，我們需要學習「停」的藝術。

我跟Pony說，就像妳給自己一個努力工作後的犒賞，週末跟朋友好好出去吃個晚餐。如果妳原訂的計畫是四個小時，雖然時間到了，但大家相談甚歡、氣氛正當美好，這個時候妳能不能按著跟自己的約定離開聚會？這些收放會慢慢累積成自我掌握的信心。

人如果常常做不到自己表訂的時間管理，很難累積對生活的自信。於是我們會不停擬定新的時間表、新的計畫，這雖然是充滿希望的自我安慰，但維持不了長久的好心情。我們也以為，如果捨去或完全隔絕某些活動就可以節省更多的時間，但我們需要的是「更多」的時間嗎？還是需要「好好掌握自己」的能力？

「真正的自由，是在任何情況之下都能控制自己。」我希望從「停」這件基礎的生活功課，跟孩子好好一起學習自由的意義。

領頭的人

Dear Abby and Pony,

今天早上八點，新的工程開始動工。爸媽提前在現場等候，好跟游先生做
最後的尺寸確認。這是我們第一次跟游先生合作，他人很和氣，溝通非常
順利。

工作中，我看到游先生有個習慣性的動作，他走進走出時總會把一些阻礙
物順手搬一搬、堆疊到最不妨礙工作的角落去。這個從工作中自然流露出
的習慣讓我忍不住會心一笑，想著：這就是帶頭領導工作的人。

我們常常談到「鳥瞰」的能力，在談話當中我們也會提到某些人做事不大
想「全景」。他們或許很努力，一埋首就往單一的方向去，卻很少時時想
起正在行進的工作與整個計畫的關係。但是，你會發現，經過考驗之後有
辦法領導工作的人，都是有習慣檢視、觀察全景的人。

這種能力我們也稱為「統籌」，聽起來好大的一個字眼，但如果回到生活
中來看，這就是媽媽從小花了好多時間訓練你們的能力——清楚自己在做
什麼。

統籌能力不是只知道該做什麼，還要能決定優先順序（從哪裡先做起？），而且工作進行中一定包含了時間管理的概念（我所做的事用多少時間完成？）。

這不是做大事才需要的工作習慣，也不是哪一天去上一種特別的課程才學得會的專門知識，它其實是從我們的生活中延伸、熟化的一種態度與方法。

一個母親從起床後就得打點一家人的生活，如果要出門工作，更要在有限的時間中安排分配好如何有效率地把所有事都做完。有的母親可以、有的人做不到，這並非完全是能力或工作量不同所造成的差異；人如何統籌規劃自己的每日生活，會決定最後呈現的品質。

游先生看起來雖然只是一個跟我討論計畫的老闆，並不真正動手負責施工，但從他隨手整理的小動作中，我相信他有非常深厚的實作經驗，以致流程中的細節與任何可能發生的事，在他腦中都有一幅清楚的圖像，凡是會造成困擾或阻礙的小事，他都知道要越快解決越好。

簡單的說，領頭的人就是比一般的人都敏感，因為他鳥瞰事情，所以總是看到全貌。

統籌能力不是只知道該做什麼，而且工作進行中一定包含了時間管理的概念。經過考驗之後有辦法領導工作的人，都是有習慣檢視、觀察全景的人。

大概在Pony十年級左右，當我們有機會討論生活中做事的方法時，我發現妳很喜歡用「whole picture」這個詞來掌握規劃的想法。的確，不管任何事，我們都因為能看到全貌，所以知道該如何著手、該如何完成。

「bird view」（鳥瞰）不只是將來去上班、工作才用得著的能力，即使當學生，要面對學習或完成一份功課，有這種能力的人，所花費的時間會更少，所完成的品質卻更高。

工作中用對的、好的語言溝通

在過去的每一場演講中，我都試著要宣導「好好說話」的想法，因為說話連結我們的人際關係、生活品質與工作效率。每天使用語言就像呼吸空氣一樣自然，所以我們常常忘記它的美、它的力量與它所造成的影響。

有一天清晨，我去羅東聖母醫院演講，雖然時間緊湊但還是不忘一提好好說話。會後有位外科醫師來跟我討論，他說非常認同在家要好好說話這件事，因為我們對家人有愛，但在職場上要做到好好說話真困難。

「男生真的不應該隨便開口責備人的！」這位醫生頗感慚愧地說：「可是我忍了很久，試著好好講都講不通，有一天只好開口『臭罵』一頓。對不起！真的是臭罵，用了這麼難聽的字眼，請原諒我的語言暴力。」他真誠但尷尬地笑了笑又說：「可是說真的，這就像是一場震撼教育，『罵』的確是有效的。在那之後，我看到被我罵的人一直在進步。所以，妳還是覺得在工作中，我們應該好好說話嗎？」

這個故事非常真實有趣，但我告訴他，我仍然覺得，在工作中，大家都需要學習好好說話。

忿怒之所以有效，並不是對方畏懼於這所謂的「震撼教育」。我懷疑的

是，我們常常在自覺好好說話的同時，其實並沒有清楚地表達出要求，卻在另一個忍無可忍的極端中才一吐為快。這兩個極端之間最缺乏的，是不是一種雖然溫和卻很嚴謹與嚴肅的溝通方式？

一般人很容易曲解「嚴肅」的意思。如果我們說一個人嚴肅，就大半會把他聯想成呆板無趣，所以我們不喜歡嚴肅的說話方式，也不喜歡被別人以嚴肅來形容自己的性格。我們比較認同開玩笑、嘻嘻哈哈所代表的親切。問題是，玩笑有沒有一個界限可以清楚地標示雙方都同意的尺度？

我最常看到的是，父母跟孩子說話玩笑慣了，等到有一天，突然在言語中夾著一個教導或一份要求時，孩子並不察覺，仍然把它當成玩笑、不理不睬。然後一個不小心，引起了一場火爆的爭吵，親子兩方都覺得莫名其妙。職場上也常有這樣的狀況。

我覺得工作中的溝通一定不能淪為兩種極端的語言習慣：不是在開玩笑就是在罵人。我們需要用非常清楚、禮貌的語言，來傳達彼此的要求，這會使工作更簡單、任務更清楚。

我建議那位醫生在「臭罵」之前，可以先試試嚴肅、清楚地說出自己的要求。也許，這樣的結果與臭罵一頓是相同

工作中的溝通，一定不能淪為兩種極端的語言習慣：不是在開玩笑就是在罵人。我們需要用非常清楚、禮貌的語言，來傳達彼此的要求，這會使工作更簡單，任務更清楚。

的，但其中的不同是，說的人不必背負愧疚的情緒。誰在罵過人之後會覺得好受呢？

選擇好的語言傳達自己的想法，是當一個好工作伙伴的必要條件，真誠的語言也常常能扭轉僵局。

記得有一次因為機票的問題，我跟航空公司有了糾紛，幾次溝通都沒有進展。雖然按照航空公司的明文規定，我有立場上的優勢，但對方的代表卻非常強硬，她似乎打算極力護衛屬下的工作錯誤。最後，當我覺得問題只不過在原地打轉，淪為語法的迷思時，我對那位負責的督導說了一段話：

「雖然我覺得這個處理的方法完全不合理，但我絕不會說我要去消基會控告你們。我只是覺得，如果林小姐透過我們今天所發生的問題，仍然不覺得貴公司的電腦程式設計與服務都有值得改進的地方，那我們就讓這個問題停在這裡好了，也請把我的後段機位都取消吧。」

不知道為什麼，那位資深的工作人員突然在我的陳述後立刻表達了歉意，我們幾天來的僵局出現了協調的契機。她非常溫和客氣地說：「翁太太，真的很對不起！我想請您給我一點時間，讓我來想想辦法。」

也許，我不應該說「不知道為什麼」而有了這樣的改變，因為，我一直都很確信語言與溝通的連結關係。在爭執中，只要有一方可以透過語言釋出真誠的善意，解決的方法自然有可以依附的傳輸管道。

◆ 補 記

語言與心意之間的美好關係

我們完成許多事，都是靠語言做為工具，所以我常常提醒孩子們：說話與
書寫是同樣重要的，不要對言不及義毫不在乎。人一旦意識到自己可以珍
惜、謹慎地使用語言，就可以體會語言的本質與力量。

我帶著孩子從小學習善用語言，想的並不是學好英文很吃香這一類的課
題，而是無論使用哪一種語言，都不讓他們忘記工具與心意之間的美好關
係。開心的時候要說什麼？忿怒的時候要如何表達自己？什麼樣的讚美可
以表明真心？不平的時候要如何解釋？我希望我的孩子成為快樂的、情盡
乎辭的語言運用者，而非受制於劣質語言的被驅使者。我也相信，如果她
們能在工作中習慣好好使用語言，所有的工作品質都會隨之提升。

符合別人的期望

寫書之後，我因此有機會跟更多的人一起工作，有時是演講的邀約、寫專欄、辦活動或採訪；無論工作的模式是什麼，我都會主動探詢對方的工作目標，因為我想盡力配合。所以有好幾個人在合作之後寫信告訴我，他們對我的客氣印象深刻。

客氣與禮貌或許是因為我的工作概念而外顯的態度，但我並不是想到人際之間應有的禮貌而特別客氣的。使我不遺忘這些尊重的理由，是我對同工合作的基本概念——符合別人的期望。在一份工作中，我總在辨識著彼此的相對位置，只要工作不是由自己所領導，就一定會想到該如何盡力、該如何配合，才能「符合他人的期望」。

這樣的態度過度謙卑嗎？不會讓人感覺我是一個沒有獨立見解的人嗎？這些疑慮從來不曾成為我的問題。只要答應與別人同工，主事者的希望就是工作目標。

在合作之中，雖然我也會有自己的意見，但是，通常我會想，既是別人邀約發起的工作，他們必然已有自己完整的構劃，盡量予以配合，那原始的發想才能完整地呈現。所以，如果主導者沒有主動問我的意見，我就愉快地配合。因為在自己的工作場域中、當我主導著一件工作的時候，一樣期

待他人能成全我的計畫。

記得有一次我送出期刊的專欄文章與照片，在排完版後，編輯寫信很客氣地告訴我：「藝術總監與主編有些意見想商量。由於這次專欄內容的主題特別，希望第一頁的大主圖在色調及擺設上可以更有節慶的感覺，不知道老師是否覺得恰當？如果老師也贊同這樣的調整，是否可以請您撥冗再提供一張大主圖？」

收到信的時候，我自己手邊的活動與工作已經排滿一整個星期，而補件時間又非常緊迫。但我立刻想到，每個人對於自己的產品品質都有期待，我既是受邀參與，就不能以自己的詮釋作為意見的中心。雖然加拍一張照片並不像坐在電腦前改一篇文章那麼單純，因為我得先做菜、擺飾布置，但還是想辦法抓緊時間把補件在一天之內送出了。不管我做得好不好，這起碼使我感覺到負起了應盡的責任。

在合作中遇到意見不同時，我絕不會在工作緊迫間討論主張或堅持自己的想法，我把重作當成是一種美好的練習。與人合作，如果覺得不能伸展自己的心意，之後不繼續就是一種解決的方法；但不應該在工作的途中不盡力配合以為杯葛，更不應該一邊抱怨，一邊進行合作關係。

不知道是不是小時候媽媽常常對我說起「素直」的性格之

只要答應與別人同工，主事者的希望就是工作目標。我很了解，只有合作才能達成目標，所以，思考如何符合他人的期望，我一點都沒有卑微的感覺，那只是我對負責的具體表達。

美，還是我已經了解只有合作才能達成工作目標，所以，思考要如何符合他人的期望，對我來說一點都沒有卑微的感覺，那只是我對負責的具體表達。這種配合他人的習慣，對自己也有很大的好處，它使我在工作中有輕鬆的心情，也有堅持的機會——我在自己的工作領域裡堅持理想，在答應與別人合作時全力配合。

我希望Abby和Pony為別人工作時，無論在時間的遵守或品質的表現上也能盡力符合他人的期望，這是一種心智與性格的訓練，也是一種負責的表現。

在工作中當別人的好朋友

Dear Abby and Pony,

這個叮嚀對妳們來說非常重要。不只是因為媽媽自己從中體會到的一個事實——誠心協助他人能使自己得到成長；更重要的是，在思考著要做一個對他人有益的朋友時，我們會主動排除許多不需要的情緒，這對快樂的生活很有貢獻。

在職場裡，不要帶著抱怨與不滿上工，也要遠離這樣的朋友；不要變成他人習慣傾吐怒氣的對象，要謹記別讓輕易的批評變成不自覺的言語習慣。尤其在眾人相處時，附和他人的抱怨不是我們的義務。如果你真正把一個人當成朋友，就試著用鼓勵幫助他克服不平，不要再加強他們的壞情緒。

沒有一個人能在所有的工作中都事事順心，不過，妳們一定注意到了，眼光決定了人的言行。有些人在不自覺中習慣了培養怒氣與惡意，他們把一件本可簡單處理的小小事弄到天翻地覆；和這樣的人一起工作，要把眼光定在工作之上，提醒自己不受影響。

在職場裡，要學習專心看待工作，才能成為對別人有益的好朋友，也才不會錯失工作態度值得學習的榜樣。我們做每一件事都該有具體的目標，對

於一心一意關心著目標完成的人，要敬重他們。要觀察他們是如何以具體的建議、有力的協助、投入的行動，與他人一起同工，這樣的人絕不會無事生波或任意詆毀他人。

有一天，我無意中聽到兩個打工學生的對話，一個對另一個說：「我去年休學了一整年，整天都在工作，什麼都做過了，所以我可以告訴妳，打工是什麼都學不到的。」我忍不住偏過頭去看看這說話的孩子，她看起來是那麼地理直氣壯，但她身邊的朋友卻一臉茫然與擔心，也許她正因為要做一個重要的決定，而去諮詢有經驗的小前輩。

工作了一整年、做過許多行業卻覺得一無所得，這的確是個讓人訝異的結論。不過，這應該也同時反映了這個年輕人的價值觀，她不懂得思考工作與自己之間的成長互動。如果她真的覺得一無所得，我想這也絕非工作之罪，只能說很可惜，沒有人教導她要挖深自己，以預備裝盛成長的收穫。

希望妳們在工作中不要講喪氣話、不要誇大負面情緒，這是當一個好伙伴的重要條件。與年輕孩子一起工作時，我總是更謹慎地處理這些問題。

有一陣子，我發現外場有員工喜歡評論當天的客人誰好、誰壞，而且把這些感受當成影響自己工作心情的正當理

在職場裡，不要帶著抱怨與不滿上工，也要遠離這樣的朋友；不要變成他人習慣傾吐怒氣的對象，要謹記別讓輕易的批評變成不自覺的言語習慣。

由，於是我跟其他人做了討論。我覺得我們幾位年齡較長的資深員工應該要更注意自己的言行，不要讓孩子從我們身上得到錯誤的印象。不錯，雖然有些客人的確有無理的要求，比如說硬要帶寵物同來、不訂位卻不接受客滿的事實；但是我也發現，對同事傳遞訊息時，我們的態度有著關鍵性的影響，如果處理不當就會喚起更多的不滿，然後大家會把批評當成工作的調劑。但，這到底有什麼好處？

我們在批評的時候先會帶給自己一份委屈與不快的感覺，在說的同時又常常延緩手中該做的事。我們同時會忘記平常創造美食的快樂，連原本預備呈現給他人的一片喜悅，都會在抱怨客人時被遺忘。總之，我沒有看到任何一個理由，值得我們這樣去做。

媽媽年紀越大，就越看見自己領導工作的態度會帶給年輕伙伴什麼樣的影響。所以我也要提醒你們：用更正面的感受取代偶有的不快；如果要批評一件事，能不能做更專業的分析與建議，說出一個決定之後合理的觀點，而不只是停在感受的論述。

有一次，客人沒有預訂素食卻堅持要我們準備，在這之前，我們都因為考慮到客人的方便而勉強做了。做是做了，但因為沒有足夠的食材所以無法端出自己滿意的食物，對於一個食物工作者來說，這實在是一種痛苦。那一天，我下定決心要開始拒絕所有臨時的要求，但在做決定的那一刻，我也思考著該如何表達才不會給員工一種錯誤的印象。我希望她們了解：我們拒絕客人的要求並非因為自己的不快，而是希望客人尊重我們的專業。

我跟大家說：「雖然客人告訴我們『隨便弄一弄就好』，但在一家營業的餐廳裡，烹飪是廚師的專業表達，廚房裡的每一個人都很在乎自己做得夠不夠好，所以從今以後，我們不再接受沒有預定的要求。這當然不是客人的錯，卻是我們可以堅持的原則。你們試著用最好的語言跟客人解釋，我想他們應該會諒解。」客人能不能諒解當然因人而異，但是，在我們設立自己的準則時，沒有必要先在心裡升起防衛的敵意。

遇到需要溝通的問題也一樣，預設別人有不合理的要求是非常不必要的。先用心把問題聽完，再尋求可能的方式來達成協議。我最怕任何人用「受不了」來形容自己在工作中所遇到的問題。一個工作伙伴如果進來跟我討論「該怎麼辦？」，通常再大的問題都可以得到完滿的解決，因為他們對事不對人；如果進來說的是「我受不了那個客人」，那我就非得親自出去處理不可了，對人不對事只會強化問題的複雜度。

工作經驗年年增加之後，我除了從別人身上學到許多好的工作態度，更發現每一個人都能在工作中當別人的好朋友或好的長輩。希望你們也要思考與他人同工的意義，做一個工作中的好伙伴，一個可以用心、用行動支援他人的好朋友。

抗拒

小米粉決定帶著庭宜從台南移居來三峽跟我一起工作之後，曾告知我的好友月仁。據小米粉說，月仁聽到之後很高興，她不只贊成小米粉的決定，還說了幾句話做為遠行的祝福與建議。小米粉要我見到月仁時轉告她說：「何老師的話，我記在心裡了。」

月仁對小米粉說：「妳決定去Bubu老師那裡跟著她學習，就照著她教妳的方法專心去做，不要抗拒。」

「抗拒」，聽起來好嚴重的兩個字，我起先有點訝異月仁的說法，但仔細想過她的話之後，卻不得不說，這兩字精準地傳達了我們與工作思維或工作人際常有的心理拉扯。

二十二年來，月仁與我最常分享教養與工作的心得。我們都是既要照顧家庭又盡力工作的母親，雖然領域不同，但因為觀念非常接近，總能成為彼此的鼓勵。

月仁是科學家與優良導師，即使在她還有兩個孩子要照顧的階段中，我也總是看到她花費許多精神在學生身上。她的愛是自然流露的，因為她愛這個社會，所以常常擔心那些剛上大學的新生、或就要實習選科的高年級醫

學生徬徨的心情；好幾次她跟我分享輔導學生的經過時，我也深受感動。

愛孩子的人就自然對成長的心靈有入微的觀察。當月仁對小米粉提起「抗拒」這兩個字的時候，我想這有感而發的勸告，是從多年來在她實驗室裡進出的助理或學生身上得到的感想。也許，抗拒是一種再真實不過的工作情緒，也是一種最不必要的掙扎。

我也帶過這樣的工作者，說不清為什麼，但一眼就能感覺出他們面對工作時，很容易跟自己的心情拉扯。有一次我忍不住問一位不能順服接受指導的新進人員，我想知道為什麼連一件非常簡單的事，對她來說都難以接受？

她聽完後，理所當然地回答我：「這就是我的工作習慣，我就是非要把一件事情弄到清楚才能動手。」

真心說來，這不是一項不好的習慣，問題在於經驗不足的人有時連很簡單的道理都無法推理。缺乏了解最容易導致誤會，或許，比先弄清楚更重要的是從努力工作、從最基本的經驗中累積一些了解再說。我勸她何不動手做做看再來討論？這不也讓彼此在討論時多了一些基礎嗎？也或許在做的過程中，她自然而然就懂得了其中的道理呢！

在工作中，如果疑問與對立的想法超過了應有的比例，因而阻礙了自己的學習、應用或實做的機會，「抗拒」就成了自己成長的損失。

我想，月仁口中的「抗拒」，指的應該是一個人在還沒有完全納入工作軌道前的自我掙扎。那些掙扎或許並非完全沒有道理，但是如果疑問與對立的想法超過了應有的比例，因而阻礙了自己的學習、應用或實做的機會，抗拒就成了自己成長的損失。

讓歧見停在最好的點上

Dear Abby and Pony,

早上跟舅舅喝完咖啡後，我們準備各自去工作。分手前，舅舅說：「我今天要去開除一個員工。」

「為什麼？」我訝異地問道，走出電梯前，他只匆忙丟下一句：「我不跟興風作浪的人一起工作。」

興風作浪！我一下就懂得了這句話在職場上的意思與所帶來的困擾。但因為這是一個非常模糊的思考界線，所以，媽媽想用一些具體的工作實例，來跟妳們討論這件事。

如果我們想要更快樂，無論是生活或工作，一定要學習讓歧見停在最好的地方。如果你們想問，什麼能幫助歧見停在好地方——我的回答是：「理性」。

小時候，母親對我們有一項非常好的教導——不能愛事。所謂「愛事」，在孩童時期最常有的狀況，大概就是因為愛熱鬧、喜歡焦點，習慣把小事說成大事、喜歡誇張不實。明智的父母因為擔心孩子長大後會養成喜歡攬

和、唯恐天下不亂的性格，所以這方面的管教特別嚴格。
雖然沒有惡意的誇張或許無傷大雅，但大人遠慮，不讓這
種思考方式在無意中慢慢變成性格，因此帶給我很好的人
生禮物。

長大後發現，人每天在工作中與生活裡，都要決定自己對
一件事情的想法或態度；如果愛事、喜歡用唯恐天下不亂
的觀點來解決，就像去揉一團毛線球，工作與人際關係一
定會越來越複雜。而且，如果仔細估算過，愛事的習慣，
總是在談論與處理中花掉許多可以好好利用的寶貴時間。

所以，如果在工作中遇到無法好好合作的同伴，要讓事情
簡化，直接尋找可以同工的方法，千萬不要繞遠路，讓問
題越來越糟糕。

有一次，一位員工私下來跟我溝通她和一位工讀生合作不
順利。一向以來，我並不鼓勵大家為了工作的事私下來找
我，在我主持的工作場所裡，所有的事都應該可以公開討
論，我們需要讓別人了解自己期待的協助與合作的方式，
但那位員工卻堅持要私下談。

她說了很多、很多，為了證明自己的感覺並非沒有參考價
值，所以她告訴我，連另一位員工也不喜歡這位同事的做
事方式，常常私下跟她抱怨同樣的狀況。

愛事的習慣，總是在談論與處理中花掉許多可以利用的寶貴時間。

生活中總會有歧見發生，盡量要求自己合情合理來簡化問題，不要因為有人同意你的委屈，而讓問題擴大或複雜。

當天下午，我找來所有的工作伙伴，第一句話就表達了我的失望。因為，我一直以為在一個期待開誠布公的工作環境中，直接溝通是一條同心合作的捷徑，沒有想到大家在私下如此費力。

基於一種強烈的責任感吧！我當場跟另一位同事說，我一直非常欣賞她的努力與待人的誠懇，如果她對其他的工作伙伴有任何微詞，應該直接給她有用的工作建議，在工作中當一個好前輩。我不懂為什麼她不但沒有這樣做，反而去跟其他的人抱怨，然後再讓話傳到我的耳中呢！我要她好好想想這對解決問題可有幫助？

過了幾個月後，我收到這位員工給我的生日卡，她在當中寫了一段話，說謝謝我告訴她不該在背後對其他人的工作有怨言。她從來沒有想過直接說會更好、更簡單，現在知道了，自己也覺得學到很重要的觀念。

這些話讓我感到很安慰，如今大家了解，不同的意見也可以得到協調，不需要轉成對立或背後的抱怨。

在生活中總會有歧見發生，我們要盡量要求自己合情合理來簡化問題，不要因為有人同意你的委屈，而讓問題擴大或複雜。

記得有一天，媽媽從店裡的網站收到一封信，信的內容如下：

您好：

我是紫京城的住戶，因為我看到丟錯的垃圾會順手分類好，經常在倒垃圾的時候，會看到貴餐廳丟棄的垃圾（因為有餐紙很容易分辨）。主要的問題是：關於垃圾分類，貴餐廳似乎一直都沒做好，整大包丟進去，紙類、塑膠盒以及蠟燭、罐頭等全都塞在一起，放在紙類回收處。尤其是餐墊紙裡摻雜著開大罐頭所切割下來的鐵片，很容易讓回收人員受傷，甚至還有些廚餘摻雜其中，這樣會很臭。垃圾收集區裡有清楚的分類項目，可否請負責倒垃圾的人員隨手分類一下呢？

實在是看到太多次了，忍不住寫信告知貴餐廳……謝謝……

對於這樣的一封信，我的感受是什麼呢？——一陣臉紅。

我們的垃圾雖然有分類，卻總是因為太忙而忽略細節，如今受到抱怨，又有什麼話可說。我只能以最快的速度回覆信件，並馬上跟大家討論，要如何解決這個問題。我的回信如下：

親愛的芳鄰：

非常謝謝您懇切來信中對於垃圾分類的提醒，對於過去幾個月來沒能徹底做好的部分，我們深覺慚愧與抱歉。收到信後，我把信印出貼在廚房的布告欄裡，我希望、也相信所有的工作人員從此之後會在即使忙碌快速的工作節奏中，也盡力注意這個重要的環境衛生問題。

我們很高興能與您為鄰，得到您的提醒和勸告；相信這棟大樓因為有您的
關心，而會更友善美好。

敬祝　安好！

Bitbit Café Bubu敬上

有一天，聽聞此事的另一位鄰居問我：「聽說有人抱怨你們的垃圾分類，
而且態度很不好！」我很訝異她得來的錯誤消息，連忙跟她解釋說，沒有
這回事！這本來就是我們的錯，指正的人說的都是事實。我把貼在布告欄
上給員工看的來往信件拿下，請她過目，然後再告訴她：「我們的垃圾處
理問題從此之後有了很大的改進。」

Abby and Pony, 媽媽想說的就是這樣的觀念。想想看，一個停在正確點上
的歧見不只促使我們進步，也節省了許多時間。希望妳們在生活與工作上
也要如此簡化自己所遇到的問題，以理性的思考好好接受他人的勸告。

展開獨立的翅膀

——Abby的工作日記

父母能給孩子最好的禮物，不是生活的保障，

而是不因變動而永遠存在的能力。

很久以前，我就這麼告訴自己：父母無法為孩子開出一條人生坦途，

但我一定會支持她、並欣賞她的努力。

暴雨狂風跟晴光好日一樣重要，我不想只當孩子的撫慰者，

只願自己不要忽略她值得肯定的勇氣。

獨立的開始

Abby上大學之後，「了解與面對現實」，是我們要教給她的第一件事。我並不擔心父母的「物質給予」會成為孩子對「愛」的計量，相信我們給予的精神支持與生活照顧，才是這個家庭最豐厚的資產。

我母親婚前家境很優渥，所以在她的年代裡，家裡有足夠的資源讓她受很好的學校教育。據說早逝的外婆不只手很巧，頭腦更是清楚，家裡雖有佣人，但要求阿姨和母親一定要把家事扎實地學好，絕不因為她們讀高等女中，而放鬆生活能力的教導。在母親轉述外婆的教育觀念中，有一句話對我來說非常重要──就算我有婢錢（台灣話的意思是請得起佣人的錢）給妳，妳也未必見得有使婢差奴的命。

她說明了父母能給孩子最好的禮物，不是生活的保障，而是不因變動而永遠存在的能力。

雖然我與早逝的外婆無緣見面，但是每當母親談起外婆的時候，我總會心生仰慕之情；最大的說服力，當然是因為她把我的母親養育成一個非常堅強、對自己的人生完全負

責的女性。母親頭戴斗笠、如土牛一樣掌管磚廠十八年的身影，與翻著日文雜誌為我解說生活的優雅柔美，永遠並存在我的腦中，也為身為女人與母親的豐富面貌做了最好的詮釋。

Abby高中畢業後，雖然獲得許多美國名校的錄取，但是對於她的教育，我們並沒有因此而鬆下一口氣，因為成績不是我們對教育唯一的想法，上知名大學也不是我們培養她的終極目標。那個新的學程才要開始，真正關鍵的教育還沒有發生影響的作用，誰能認為孩子上了長春藤的大學就是一種成功？

Eric跟我時常談起，無論東西方的大學，現代教育全都偏重名聲、知識、金錢、資源與專業訓練，對鍛鍊人格的部分恐怕全都不夠盡力，也力有未逮。所以，為了延續我們的關愛與教育，對Abby的大學生活，我們時常有深刻的討論。

「了解與面對現實」，是我們要教給她的第一件事。

美國專欄作家Abigail曾經說過一句很好的話：
If you want your children to keep their feet on the ground,
put some responsibility on their shoulders.
要子女腳踏實地，先讓他們負點責任。

這責任的界定，恐怕就是天下父母最大的難題。放多了，會不會壓垮她？放少了，也不過是一種形式，求得一點安心，知道自己總算有心於教育，但心知成效或許不大。

也許是因為我自己的經驗吧！我並不擔心父母的「物質給予」會成為孩子對「愛」的計量，我們相信，十八年來所給予的精神支持與生活照顧，才是這個家庭最豐厚的資產。

Abby去美國上四年的大學，學費連同生活費，根據學校的初估，換算成台幣是六百萬。三年後再加上妹妹的學費，總計就是一千兩百萬台幣的支出。花一千兩百萬培養兩個孩子上大學，對某些家庭來說可能是不痛不癢的；對某些家庭來說則是願意咬緊牙關，為換取這個學位與教育機會而在所不惜的。但是，對我們來說，卻兩者都不是。

我們不覺得自己要傾其所有讓孩子去上一所好大學，這並不是唯一可以對孩子示愛的方式。而如果一對父母願意付出六百萬，孩子卻不好好珍惜這樣的學習機會，其中的遺憾就無法計算。

從建立這個家庭開始，我們的生活運作有一個從不改變的主軸——互助與體貼。永遠都是如此，一個人在為家庭勞動時，其他的人絕不會坐視不顧。如今，自付學費的問題，就要從家庭的小互助往上延伸到大筆金錢的考量，這也是我們全家在學習金錢資源分配上的平衡問題。

這是真正面對現實的第一課。我們不想透過金錢完全的支援向孩子證明對她們的愛無怨無悔；這應該也是我們對家庭愛的一種信心與安全感──並非是供應不起的父母就比較不愛孩子。

面對現實的第二課，是提前幫助Abby了解，走出校門後的實際生活。

就在Abby要去上大學的前兩個月，我們與一位朋友相遇，她跟我們分享了許多教養的經驗。在新加坡的時候，我一直希望能認識這位朋友卻擦身而過，還好在台灣相遇了。

我很想認識她，是聽說她的女兒去了康乃爾大學之後，用功到不曾注意校園的美景。當時，我們身邊有一些朋友的孩子都在美國上名校，但大學生活時有失敗的借鏡。我多麼希望在Abby上大學前能聽到更多有益、深入的建言（而不是「哎呀！大學本來就是好好玩它四年。」這類的話），我希望在她上學前，我們都已經做好各種準備與心理建設。

拜訪之後，我把一個重要的訊息傳遞給Abby。大姐姐畢業那年沒有順利申請上研究所，所以決定回台灣找工作。她當研究助理，一個月領兩萬多元，在台大附近租個單人套房就要一萬多，生活勉強可以維持平衡。姐姐很乖，她不願意接受家裡的資助，非常用功於研究，把生活過得簡單充實（好消息是，今年她已拿到獎學金，要去卡內基大學直接攻讀博士）。

這個經驗讓我們更進一步地確信，如果能早一點讓Abby了解，出了校門之後，社會有各種各樣的困境實景等著她面對，無憂無慮的大學生活只是一時的安全之島，該如何善用四年培養自己的能力，是很重要的功課。名大學鍍的那層金光一刮就下，不會有多大的保障。實力最重要，而從學生時代就逐漸了解實際生活的壓力，也不是一份過早的學習。

我跟Abby說，金錢上的獨立是精神獨立重要的指標。我知道一個大孩子不會願意常跟父母伸手要錢；而一個有自尊的孩子，也絕不希望父母對自己說出「如果你不乖乖聽我的話，我就不會幫你付學費，你看著辦好了！」這種以付出來模糊愛的語言。

我相信這些道理對她來說，是可以理解並接受的。

Abby把大姐姐的經驗聽進去了，她開始認真思考我們討論的問題，並立刻詢問學校工作的可能。她努力準備維修電腦的專業知識，讀書、動手拆卸機器，通過線上的測驗，拿到一份工作，把「願意」化成「行動」，以行動做為成長的梯階，穩穩向上攀登。從她陸續寫與我分享的工作日記中，我看到那份從小為她根植的責任感，已慢慢活化在她遠離我的生活中了。

註：這個部分收錄的十篇Abby的工作日記，之所以決定以英文印行，是因為這些年來Abby都生活在英文的環境中，她習慣以英文書寫心得，保留英文只為忠於她的原著。後來當玢玢與我思及讀者需要更方便的閱讀，這些文章應該也翻譯成中文時，我們決定先由Abby自己翻譯，我們再幫忙補正。

The Flight out of San Francisco

My flight out of San Francisco was speeding on the runway, gathering strength for its takeoff. I pulled on my seatbelt to make sure it was fastened properly. In my mind, I began to run through a checklist of things I should have completed before leaving the US. A final review, just in case.

As the ground trembled beneath me, I suddenly began to wonder whether I had locked Andrew's door or not. My friend had been kind to let me stay with him the entire week of my visit. Even though he had to leave early for work that morning, he invited me to entertain myself in the apartment until departure time — provided that I would remember to lock the apartment before going away. But when I thought about it again, I was not sure that I did.

Frantically, I began revisiting the moments before I left for the airport. I saw myself dragging two oversized bags down the stairs, then holding up my hand to flag a cab. No, I needed an image from earlier still. I saw myself then, standing at Andrew's door, already a bit out of breath, my body bending under the weight of all my possessions to be carried back to Taiwan. There I was, my hand on the doorknob. But did I, or did I not lock it? However I squinted at this scene, I could not make out the details. Blood rushed to my head. Thoughts exploded.

What if, what if….

The flight was in the air now; I thought about the thieves who had just discovered Andrew's apartment. Soon we were passing through thick layers of clouds; those thieves were carrying his HD flat screen down the stairs. The seatbelt sign above me went off; that heartless gang, they took the black Macbook too, sparing nothing. An air stewardess stopped by with her cart and asked if I wanted a drink; No, not the speakers, please!

But I couldn't possibly have forgotten, could I?

I tormented myself. Supposing the worst had happened, I began to calculate if I would be able to pay for all the damages caused. I had always loved Andrew's collection of high-end electronics. Now, I wished he didn't own any. How long would I have to work to pay off everything? This question in turn led me to the thought that I didn't have an income at the moment, and would probably not for a while, since I was starting a new business. So would I have to borrow the money? How much interest would accumulate before I could break even? Would I ever break even?

And so on, and so forth. As anxiety snowballed to the distant future, I envisioned one failure falling into another like dominos. A slight turbulence jolted the plane. I quickly gripped the handles and felt panic devour me. There was no phone, no internet, no way of warning Andrew. Forget about prevention, I didn't even have the means to learn of the aftermath.

In midst of this frenzy, I caught a glimpse of the flight path on my screen. There were still twelve hours before I could be in touch with the world again. What was I going to do with all that time? A better question was: what was there to do?

I appreciate these extreme situations for the simple illustrations they make of our choices. At this point on the plane, I could either panic for the rest of my flight to no avail, or I could discipline myself to drop the matter until action could actually be taken. Whether I was going to spend the next few years working to repay Andrew or not, for the time being there was nothing I could do to change the consequences. I could however, still enjoy a pleasant flight. I might as well, since beating myself up for the next dozen of hours was not going to save me, and might actually make me too tired to deal with the issue effectively later on.

I admit, there is a certain comfort to anxiety. We so emotionally exhaust ourselves that it seems as though we are doing something grand for the matter at hand. But in this case, it's clear to see that the energy I was spending on worrying had no real impact on the situation. Think then, of all the other times when choices are less obvious but the truth still constant. Think, of the distress we oft put to waste.

When that moment of clarity struck, I took out my notepad and wrote down exactly what actions I was going to take once I landed — I was going to check my email first to see if Andrew had sent me any messages, then I was going to call. On my piece of paper, I assured myself once again that everything needed to wait until I reached my destination. It was useful to hold onto such a concrete reminder; for the rest of the trip, whenever I felt another surge of panic, I would take out my list and remind myself that everything which could be taken care of, had already been. With that, I willed myself to relax.

I think back to this flight often. In the few months since returning to Taiwan, I had moved into my own apartment, launched a business, contributed to this book, and continued to plan multiple projects down the road. Sometimes I feel overwhelmed, but whenever I sense myself paralyzing by a stream of "what ifs", I would recall the choices I faced on that plane out of San Francisco. Though the details may be different, the challenge is still to find essence again among distractions, and to do what counts.

Perhaps I should mention that much to my relief, but to the anticlimax of this story, I did lock Andrew's door after all.

在混亂裡找回重點

從舊金山出發的飛機正在跑道上急駛，聚足馬力準備起飛。我拉一拉安全帶，確認繫緊後，便開始在腦裡一一回顧離開美國前該辦的事是否都已做完。以防萬一，我在心裡做了最後的檢查。座椅下的地面繼續震動著，我忽然開始懷疑，自己沒有把Andrew的門鎖好。

我的好友很慷慨地讓我在拜訪舊金山這一整個禮拜寄住在他的公寓。我離開的早上，他很早就得去工作。雖然如此，他讓我待到離開時刻，只請我在走之前，要記得把門鎖好。回想起來，我不太確定我有上鎖。

慌亂中，我開始尋找搭計程車前往機場之前的回憶。我看到自己拉著兩個巨大的行李走下樓梯。不，我需要更早一點的回憶：在Andrew的門口，我已經有點喘不過氣，身體因為行李的重量而彎曲。我就站在那裡，手在門把上。可是，我到底有沒有鎖上它？不管我怎麼瞇眼檢查這些影像，就是看不到自己希望的細節。

我感到血液直衝頭部，一連串的想法在腦裡不斷爆炸。如果……如果……

飛機已到了半空中。我想像小偷已經發現Andrew那未鎖上的門。我們正穿越厚厚的雲層，而那些小偷正扛著他的HD液晶螢幕下樓。上方的安全帶

燈已經熄滅。那群沒良心的傢伙，把黑色的蘋果筆記型電腦也帶走了。一位空中小姐推著一車的飲料，問我想喝什麼。不！拜託不要拿他的音響！

我不可能忘記把門鎖上吧，可能嗎？

我百般折磨地不斷問自己。

就假設最壞的事已經發生了吧。我開始計算是否有能力賠償所有的損失。我一向羨慕Andrew收藏的高檔電子用品；現在，我真希望他從沒有過這些東西。我到底要工作多久才能賠償這一切？問到這裡，我又開始想到目前自己連收入都沒有。所以我會需要借錢嗎？在我有能力償還之前，利息又會累積成多少？

當憂慮像滾雪球一樣直奔長遠的未來時，我看見自己的沮喪如骨牌般倒塌綿延而來。飛機忽然因一陣氣流搖晃，我趕緊抓著一旁的把手，感覺好像快被慌張吞沒了。這裡沒有電話，沒有網路，沒有任何一個可以與Andrew溝通的方法。我連想打聽事後的慘況都不能。

就在這片混亂中，我看到了前方螢幕顯示的飛行航線。還要十二個小時，我才能再度與世界連結。這麼多時間，我該如何是好？更好的問題是：我到底有什麼事可做？

當我感覺到自己被許多可能纏到動彈不得時，我會記得在那趟飛機上所面臨的選擇。雖然細節不同，但挑戰卻是一樣的：在混亂裡重新找回重點，並且採取真正有效的行動。

我面臨了極端的情況，它使我得清楚地面對問題的選擇。此刻，我能夠毫無用處地在整段旅程裡繼續焦慮；或是，我可以要求自己把事情先放下，直到可以採取下一個行動時再將它扛起。這個選擇涉及的，是我能不能夠把每一個時刻都做最有益的分配。我的後幾年到底會不會因為得賠償Andrew的損失而需要更辛苦地工作，不是我在這個時刻可以改變的事情。但我可以好好飛完這趟旅程。這樣也好，因為用接下來的十二個小時來譴責自己，不但不能救我脫離困境，反而可能使我在真正解決問題時所需要的體力，因此而全部耗盡。

我承認，焦慮會給人某一種程度的安撫，似乎我們在情緒裡磨光力氣，就覺得自己對事情有某種程度的盡力。但在一個完全封閉的此刻，我很清楚看見，擔憂對於事情沒有任何影響。那麼，在其他同樣的時刻，是否我也在無法改變的事實中浪費掉許多精力？

當我想清楚了事情的真相，我做的第一件事是拿出筆記本，一一寫下降落後我要採取的所有行動。我要先開email看Andrew有沒有給我來信，然後我要打電話給他。這些事都得等到達後才能辦。接下來的飛行途中，每當我覺得一陣焦慮又襲擊而來的時候，我就再拿出單子提醒自己，眼前所有能做的事，我都已經做了。

我時常回想當時的心情。在回到台灣的兩個月裡，我沒有浪費任何時間，搬進了自己的公寓、開創了新事業、整理文章給這本書，也同時一直在安排後幾個月要實施的計畫。有時，我的速度與我所想做的一切，會忽然使我覺得招架不住，但是，當我感覺到自己被許多可能纏到動彈不得時，我

會記得在那趟飛機上所面臨的選擇。雖然細節不同，但挑戰卻是一樣的：在混亂裡重新找回重點，並且採取真正有效的行動。

也許我該提到，Andrew的門的確有好好鎖上。以故事情節的發展來說，這雖然有點虎頭蛇尾，不過，我真的鬆了一口氣。

✤ 媽 媽 的 話

人生最大的功課，就是我們和困難的相處，而焦慮的情緒大概是每個人行囊裡少不了的重擔。我可以想像，Abby在離開舊金山那一刻，不只是想到那扇未鎖的門、那可能需要的賠償或對朋友信任的辜負，也許真正交織在其中的，是她對於自己不可知未來的重重憂慮。她離開大學，回到陌生無比的家鄉要開始創業，可以想像憂慮、恐懼是遠遠多過興奮與信心的；但那份需要克服的艱難對她來說也一定不陌生。

我覺得自己又回到一九九六年帶她離開台灣轉學去曼谷的心情。這個在美國念完大學的遠行孩子再回到我的身邊時，使我有了重為母親的感覺。不同的是，我比十二年前寬心許多，知道雖然她赤手空拳要開始新的奮鬥，但就人生的歷練來說，她已受完某些成長的訓練了。四年前，我們從經濟開始讓她練習的獨立，此時對她來說變得格外有意義。她不但了解人生有種種成本，也徹底體會奮鬥是人人都要面對的生活磨合；一如她從飛機上那一刻學到與憂慮共處的方法：「在混亂裡重新找回重點，並且採取真正

有效的行動。」

Pony曾經跟我說，對Abby而言，她回來台灣，就像搬去一個全新的國家一樣陌生。她不認識台北，即使大家都說著她也能流利表達的中文，但當中的感覺與情調或許對她來說竟是生份的。我很謝謝Pony這樣提醒過我，才使我常想起要跟從前一樣，懷著滿心的祝福與愛，看著她再出發。

我提醒自己只做「該」做的事就好，不要忘記愛有「相對」與「絕對」的位置。母女情深是我與她的「相對」位置，無論她多大、我多老，那愛都不曾改變，卻不能永遠以同樣的形式、同樣的噓寒問暖來運行。「成人」是她在自己人生的絕對位置，我不能忘記這個事實。我不斷提醒自己，不可荒廢重為母親時更為成熟的功課與自己心中曾有的許諾——母親不是讓你倚賴的人，而是使你無需倚賴的人。

Abby在文中說道：「我承認，焦慮會給人某一種程度的安撫，似乎我們在情緒裡磨光力氣，就覺得自己對事情有某種程度的盡力。」這是我們面對生活時最常有的心態。這幾年裡，我沒有一一問她遇過什麼挫折、受過什麼委屈，因為，暴雨狂風跟晴光好日一樣重要，我不想只當孩子的撫慰者，只願自己不要忽略她值得欣賞的勇氣。二十出頭的Abby能有這樣的自省，想必是跟自己有過美好的征戰，知道人生的力氣不能白白花費在不必要的地方。在當自己的敵人與好友之間，她顯然已做了明確的選擇。

Sad Cookies

❖

One night, while I worked at my office in the Daily Pennsylvanian building, a co-worker wandered in for a visit. I was staying after hours at the time, trying to tie up loose ends. I imagine she must have been doing the same. When Stephanie came in, we chatted briefly, then she asked if she could sit around for a bit. I said of course, as long as she didn't mind that I had to continue working.

So there she sat, across from me. Out of the corner of my eye I could see her playing around with the different objects on my desk, from post-it notes to the stapler. I looked up again from my screen just in time to witness the delight on her face when she discovered a box of Nutter Butter (I had bought the cookies earlier that afternoon for the long hours ahead). Stephanie picked up my snack and examined it so carefully that I felt it would be wrong not to share.

"Really? Can I really have some?" She seemed surprised when I offered.

I nodded. To prove my sincerity, I ripped open the package and took out a piece for her. She smiled, but as soon as her fingertips touched that cookie, Stephanie broke down in tears.

"Stephanie…" A bit shocked, I instinctively patted her on the back. "Stephanie, it's only a cookie." That was all I could come up with at the time, even though I understood immediately why she was crying.

We were at the end of the semester. School projects and exams were keeping us up late at night, but the Daily Pennsylvanian was still publishing every day. The reality of our job could not be dismissed just because we needed more time to study. As members of the business staff, we knew that every sale we missed would accumulate, and for a daily paper like ours, the damage added up quickly. There was no breathing room here. Nothing waited for us.

Stephanie shoved the bits of cookies into her mouth and continued sobbing. "It is so hard," she chocked.

My nose tickled. To cover the fact that I was starting to tear up too, I reached for a cookie as well. Encouraged by my participation, Stephanie grabbed a few more and quickly pushed them all into her mouth, then she cried some more. "I'm tired."

We were spent. It happens. What matters most is how we recover from those moments, and how quickly. Stephanie and I sat side by side in the empty office, feeling sorry for ourselves, feeling helpless. It was getting late; we had some more business to finish up, then hours of schoolwork still ahead, but we didn't want to move. We swiveled in our chairs and munched on more cookies.

This could have carried on for the rest of the night, and perhaps several days after that, except we were lucky that we still had a sense of humor about us. In midst of this tragic scene, we suddenly noticed each other's swollen eyes, chipmunk cheeks, and the cookie crumbs everywhere (since no one who is properly in distress should be bothered to clean up while eating). It took us a few seconds to re-align this sight with ourselves, but when the connection clicked, we laughed. I don't remember who started, only the giggle soon grew into full-blown fits of laughter — the ridiculousness we had just been through! We bent over, laughing like mad women until I could no longer tell whose voice was whose.

We quickly remembered however, that we still had much left to do, and that we had been bingeing on cookies and crying and laughing; in other words, not getting those things done. We laughed a little less at the reminder, and started packing right away. When I walked out that night, I did not feel light all of a sudden, but I felt better. I think it was because we had made decisions about what to do after the crying.

傷心餅乾

在《賓大日報》工作的一個晚上，我因為加班而留在辦公室裡。我的同事想必也因為工作沒做完而留下。她晃到我的辦公桌邊時，忽然對我桌上那包剛買的餅乾非常感興趣，拿起盒子仔細研究包裝的舉動使我覺得，如果不請她吃一片就太不應該了。

「真的嗎？真的可以嗎？」她似乎很驚訝。

我點點頭。為了要證明自己的誠意，我馬上把包裝打開，並拿出一塊餅乾給她。她笑了，但是就在手指頭碰到那塊餅乾時，Stephanie忽然嚎啕大哭了起來。

「Stephanie……」我拍拍她的背。「Stephanie, 那只不過是一塊餅乾而已。」我當時只能這麼說，雖然，我馬上了解她為什麼會這樣哭泣。期末已經逼近，我們因為有許多作業和考試得天天熬夜，但報紙依然每一天都要上市。擺在眼前的狀況是，我們不能因為自己需要更多時間讀書而更動事實。身為報社的商業職員都了解，每一樁疏失的買賣都會影響到公司，也因為我們是份日報，這損失將會快速累計，我們沒有可以喘口氣的空間，時間是不等我們的。

Stephanie把剩餘的餅乾屑塞入嘴裡，繼續哭泣。「真的好辛苦。」她哽咽著說道。

我的鼻子感到一陣酸，為了掩飾我的眼眶也開始紅了，我趕快伸手拿了一塊餅乾。Stephanie好像受到我的鼓勵一般，自己又拿了幾塊，全部吃掉之後，又繼續哭；「我好累。」她說。

我們兩個都精疲力盡，但這是難免的。在這種時刻，唯一重要的是，我們該如何地再度爬起，還有我們能夠多迅速地恢復。

Stephanie和我就這麼排排坐在空洞無人的辦公室，自憐無助。時間已經晚了，而我們還有一些工作要完成。之後，我們又得整晚做功課，但此刻卻沒有人想動，只是繼續旋轉我們的椅子、繼續拿餅乾。

也許我們可以整晚一直這樣下去，也許可以幾天後還困在這個難過裡；幸運的是，我們似乎還保留著一點幽默感。在這悽慘的情景裡，我們忽然看到對方紅腫的眼睛、塞得滿頰的松鼠臉，還有掉得到處都是的餅乾屑（真正難過的人是沒有心情邊吃邊整理自己的）。我們花了幾秒鐘從眼中看到的畫面聯想自己的樣子，在影像重疊的一剎那，我們突然都笑了出來。

我們兩個都精疲力盡，但這是難免的。在這種時刻，唯一重要的是，我們該如何地再度爬起，還有我們能夠多迅速地恢復。

不記得是誰先開始的，最初的那聲咯咯笑很快變成了一場大笑。我們無法相信自己之前竟然會那麼地傻，此刻只彎著腰像瘋子一樣無法停止地笑，完全無法辨識哪一個聲音屬於誰。

我們很快記起自己還有許多該做的事，而眼前卻只在這裡大吃餅乾、哭泣然後大笑，一點進展都沒有。想到這裡，我們的笑聲漸漸收小了，不得不起身收拾東西。

那晚，我走出辦公室時並沒有感到特別的輕盈，但確實覺得好多了。我想那是因為我們在哭泣後，都決定了自己下一步該做的事。

❖ 媽 媽 的 話

重讀這篇文章，讓我想起Pony曾經跟我描述過的一件事。在她去RISD的第一個學期末，有個晚上她在宿舍樓下的工作室畫圖，有人走進來給她一點意見，然後走了；不久，又有幾個朋友經過，問她這裡何不如此做、那裡也許可以這樣改。頓時，她覺得沮喪極了，這份功課似乎做得很不順利。不多久，她的一個同組的同學也來了，帶著自己的功課，跟Pony一樣擱淺在構思中。她們談了談功課之後，突然兩個人不知道為什麼都哭了起來，那眼淚來得如此理所當然，只為帶走所有的壓力與煩惱。

「哭完之後呢？」我問她。

「好過多了，雖然覺得自己有點可笑，但真的好多了，我們一起重新開始做那份功課，很奇怪，哭完後就覺得不那麼難了。」我想，眼淚並不是帶來新的能力，但它或許真的能沖走一些累積在心中的困倦與憂慮。哭是一個人最無助、最真誠的原貌，看到了自己無助的那一刻後，反而有了一種新的自省：「我就只能這樣繼續下去嗎？」生活幽微中的遙遠之處忽然出現新的曙光，你知道自己無論如何得開步走，才能穿越那橫在心中的曲徑幽谷。

每個人都有自己的壓力，孩子也一樣，並不是豐衣足食就一定無憂無慮。上大學之後，我知道Abby要在課業、工作中維持平衡的生活有多麼不容易。做為父母，心疼是當然的，不過，我想得到的分憂，並不是叫她不要工作，只要好好念書就行；而工作到什麼程度，「剛剛好」可以教育一個孩子的成長，也不是我所能掌控的。我只願她面對生活時，心中的堅強能與日漸增。很久以前，我就這麼告訴自己：父母無法為孩子開出一條人生坦途，但我一定會支持她、並欣賞她的努力。

Abby入學的賓大有很多富家子弟。我好奇美國的家長是否與亞洲的父母一樣寵愛子女，他們打不打工？有一天我問起Abby，對自己既要讀書又要工作是否覺得喘不過氣來，她跟我說：「我所認識的朋友中，每個人都有工作。」為了解除我的訝異，她接著說：「就某一個角度來看，這已經不是需不需要錢才打工的問題了，它象徵的是，我們是不是一個真正獨立的人。」她的話使我感覺到，那份獨立已經從我們想給的訓練，完全轉化成她主動的自我建構了。

我心中牢牢記得第一天帶Abby去賓大上學的情景。入學前她已申請好工作，雖然才是新鮮人，卻同時開始工作集訓。分手的時候，爸爸幫她在宿舍前拍下一張穿著短褲與IT工作服，應我們之喚回眸一笑的照片。那張照片我一直留在身邊，常常拿出來回顧當時的心情。貼身照顧了十八年後，要把她放在千里迢迢之外的美東開始新生活，她一定有些緊張、孤獨與害怕吧！可是，當我一想到她還有工作時，心裡竟安定許多。我知道她的生活裡會有不同的、可以專注的依附來幫助異國生活的適應。果然，四年來，她不只好好度過、也學到了自我平衡的方法。她不只讀書、工作，也以優等學生畢業。

看到這篇文章的時候，我不是只有心疼，還看到一份每個人都需要的生活力量——勸勉自己渡過困境的力量。Abby領悟得很早，我真心替她感到高興。

Interruption

—✦—

We were all impressed by Justin when we first interviewed him. My co-managers and I could tell how motivated he was just by speaking with him over the phone. He seemed like the ideal IT Advisor for our residential hall.

And he was. When he showed up for training, he was every bit what we had imaged: driven, charming, and skilled at our line of work. Overall, we were very pleased with our new team, which worked seamlessly together for the first few weeks; our efficiency often won recognition from the headquarter.

Sometime in the middle of the semester however, Justin began to skip shifts without notification. Surprised, we gave him the benefit of the doubt and refrained from pursuing these incidences, hoping his dedication would soon return. We were disappointed to find that instead, he quit showing up for work altogether and when we tried to reach him, the boy was nowhere to be found.

We learnt somehow that Justin had disappeared because schoolwork was catching up to him. At the time, he was working on a massive project that required lots of coordination outside of class. We knew about the difficulty of this assignment — it was well-known around Penn. Still, his absence was affecting the team. Our work did not stop when an IT Advisor needed more time for school; clients continued to demand services as problems accumulated, all regardless of our personal circumstances. I finally wrote Justin a serious email on behalf of the management team:

Dear Justin,

We are concerned about your continued commitment to the ITA program. We understand that you are involved with various other activities. While we are glad to learn that your first year at Penn has been so eventful and rewarding, as your managers we must remind you, the priority of your ITA duties.

Justin, shift swapping is meant to provide temporary solutions to occasional schedule conflicts. Its purpose is not to relieve you of obligations here so that you can devote your time elsewhere. We hired you because we found you talented and passionate. We still think that you are an asset to our team, but if your heart is no longer with this job, we need to know.

We would like to schedule a meeting with you before the end of the week to discuss this matter in person. Please reply with five possible time slots for this week and we will try to accommodate.

Best,
Managers

Dear Managers:

I believe that in my previous email I made it clear that I will be very busy this whole week. I informed you before that the reason I wasn't able to make meetings and do as many hours was because of Management, and the fact that as the date for our silent auction draws nearer the time spent working on it rises exponentially. It is going to be hosted this Saturday and our management team will have a meeting on this Friday to review our execution. I really do not have any available time to meet with you this week. As it is I barely have time to sleep but I am dedicated to this job so these are the following times that I have set aside for our meeting:

Wednesday: 3:00-5:00
Thursday: 4:30-6:00

I do not think our meeting will have to be longer than 30 minutes so I hope that these time slots will be accommodating enough for you. If they do not work however then please email me with times that do work because I will reschedule my meetings with my management team and my study hours. However our meeting will have to be on either Wednesday or Thursday as on Friday and Saturday I will be occupied the whole day.

Sincerely,
Justin

Dear Justin,

We are fully aware of your busy schedule. The only reason we insist on having the meeting this week is that we view your time arrangement as a serious problem. We want to discuss it with you.

Please realize that even though your present chaos seems only like a phase, there will be many, many more such periods in your Penn career. You won't always be able to excuse yourself from obligations.

Part of the college experience is learning your own limitations and coming to terms with them. I hope you will give these words some thought and figure out what is truly important to you before our meeting.

I cannot make it to either of the time slots you provided. Tonight, I will talk to the other managers to find alternatives. Please be prepared to adjust your schedule for this meeting, as we are doing the same for you.

Regards,
Abby

It will always be the case that things come in the way of our obligations. What happened with Justin was completely understandable, but that didn't make his behavior acceptable. He couldn't see how we were all affected by the negligence he considered insignificant. In a team, the gaps he had left could only mean two things: either someone else had to put in extra work, or as a team we faltered in our services. We saw these consequences because as managers, we held the big picture and we were responsible for it.

When Justin and the three of us finally found a common time to meet, we reached the friendly conclusion that it was no longer suitable for him to stay on the team. School was more important at the moment, and he needed the extra time to succeed. It was the best decision for either party. We wished him well that night, and wished that soon, he would look back to this conversation and see that it wasn't about our pettiness.

Strangely enough, one of most important things I have learned from being a manager, is how to be a better employee to someone else.

與限制好好共處

與Justin在電話中面試時，我與另外兩位經理都非常看好他。儘管隔著遙遠的距離，我們卻一致從他的聲音裡感覺到活力。他顯然是我們宿舍所需要的理想IT顧問。

訓練開始後，我們終於見到他本人。就如想像中的一模一樣：他上進、充滿了魅力又擁有電腦技術。整體說來，我們對於這次安排的IT團隊非常滿意。學期初的前幾個禮拜，我們的團隊工作配合得完美無缺，出奇的效率時常贏得總部對我們的讚賞。

到了學期中，我們發現Justin開始不預先告知就空班。這樣的表現雖然讓我們感到吃驚，卻同時希望那只不過是偶然的例外，所以並沒有加以追究。當我們發現他不但沒有改進，反而更過份地完全停止工作時，大家都失望了，終於想要和他談一談，卻四處找不到他的人。

我們得知Justin是因為學業開始忙碌而從職場消失，他正在展開一項需要許多時間來完成的大功課。雖然如此，Justin的缺席卻影響著我們的運作。這個團隊的工作並不會因為某個IT顧問需要更多時間來讀書，而可以隨意減少或終止。我們的客戶依舊上門要求服務；不管工作人員的狀況如何，電腦還是照常會出問題。我們終於寫了一封非常嚴肅的信給Justin。

親愛的Justin：

我們對於你是否能持續專注於這份工作感到擔憂。雖然了解你參與了許多其他的活動，也替你充實的大一生活而高興，但身為你的經理，我們必須提醒ITA的工作應是你的優先責任之一。

Justin, 換班的目的是要幫助大家解決短期的時間衝突，而非為你解脫這裡的工作，以便你把時間花在別的地方。我們之所以雇用你，是因為你非常有天份、工作又熱誠。我們仍然認為你是我們團隊裡重要的成員，但如果你的心已不在這個工作上，我們也需要清楚地知道。

在這個星期結束之前，希望能與你當面討論這件事。請提供五個你能夠會面的時間，我們將盡力與你配合。

Abby與經理們敬上

親愛的經理們：

我相信在前一封信裡，我已說得很明白：這整個禮拜我都會非常忙碌。在這之前我已經解釋過，我因為「管理學」這堂課而無法參加會議，也無法完成工作時數。隨著功課交出的截止日逼近，我所需的時間也猛然增加。這項課堂

大學經驗的一部分，就是弄清楚自己的極限在哪裡，然後進一步學習如何與那些限制好好共處。也許聽來奇怪，我當經理的最大收穫之一，就是如何當別人更好的員工。

活動禮拜六將揭幕，而我得在禮拜五好好討論進行細節，真的沒有空檔可以與你們碰面。就現在來說，我連睡覺的時間都沒有了，但是因為我尊重這份工作，所以安排了以下這些可能會面的時間：

禮拜三 3:00-5:00
禮拜四 4:30-6:00

我不認為我們需要超過三十分鐘討論，因此希望這些時段讓你們感到滿意。但如果這些時間都行不通，請email告訴我可行的時段，我會重新安排其他會議時間與我的讀書時間。不過，一定得在禮拜三或禮拜四舉行，禮拜五與禮拜六，我整天都得忙。

Justin敬上

親愛的Justin：

我們非常了解你很忙碌。但堅持要在這個禮拜會面的原因，是我們認為你的時間安排是個嚴重的問題，需要與你討論。

請了解，雖然你現在的混亂看似會過去，但這種情況是你在賓大的生活中持續會碰到的問題。你將不會永遠有辦法找藉口迴避你的義務。

大學經驗的一部分，就是弄清楚自己的極限在哪裡，然後進一步學習如何與那些限制好好共處。我希望你會思考這些建議，並在我們會面之前，決

定什麼事對你是真正重要的。

你建議的兩段時間我都無法配合。今晚,我會與另兩位經理討論如何排出其他時段。請準備好為這個會議空出時間,因為我們也正努力地為你做這件事。

Abby敬上

總是會有事情妨礙、延誤我們履行義務。Justin發生的這件事,我們完全能夠理解,但這不代表他的行為是可以被接受的。他看不出,他認為微小的那些疏忽已影響了大家。在一個團隊裡,他造成的空缺只意味著兩種可能:別人多工作以彌補、或是我們的服務打了折扣。因為身為經理,我們看到了所有的影響,並且必須為它負責。

我們好不容易找到可以會面的時間,彼此友善地達成共識:Justin不適合再留在這個團隊裡。學校對現在的他而言,的確比較重要,而且他需要更多的時間順利完成學業。這對雙方來說都是最好的選擇。那晚,我們祝他順利,也希望當他回顧這次的對話時,不會認為這整件事只是過份要求的鑽牛角尖。

也許聽來奇怪,我當經理得到的最大收穫之一,就是如何當別人更好的員工。

✣ 媽 媽 的 話

Information Technology Advisor（ITA）是Abby進大學的第一份工作，跟文中的那位新鮮人一樣，她在入學前就被錄用了。整個暑假，為了開學時能勝任愉快，她在爸爸與一位電腦公司專業人員的幫助之下，努力學習各種知識。

幾年前讀Abby這篇文章的時候，我有很多複雜的感覺。信中的人物都說大不大，一個大二生與大一新鮮人為了工作而不能不有的坦誠對談。信中有各自立場的清楚表達、妥協的溝通與去留的決定。雖然他們的年齡對我們來說都只是大「小孩」，但我卻在這封信裡讀到許多自己同年齡時無法觸及的生活經驗。我不禁回想，自己在十九、二十歲的時候，如果遇到了類似的問題，也可以這樣好好地表達自己嗎？

信中對工作認知的釐清、時間管理的問題與學校生活價值的討論，都再次證明大學生活的確是一個孩子進入成人世界的演習階段，多麼值得好好珍惜的一段時間！

記得自己進入成大參加的第一場週會，主講人是文學院院長吳振芝老師。她告訴我們，如果能在四年裡學會管理三件事，大學生活就沒有白費——管理時間、金錢與情感。我不知道坐在台下許許多多跟我年齡相仿的同學們有什麼感受，但這的確是我此生最受用的叮嚀。後來Abby去上大學時，我也以吳老師的話送給她，希望她好好珍惜這黃金一樣的可貴四年。

我對於文中Abby給Justin的一段話最有感觸：「請了解，雖然你現在的混亂看似會過去，但這種情況是你在賓大的生活中持續會碰到的問題。你將不會永遠有辦法找藉口迴避你的義務。大學經驗的一部分，就是弄清楚自己的極限在哪裡，然後進一步學習如何與那些限制好好共處。」

我相信這不是因為她比另一個孩子有智慧，所以能了解取捨的重要，應該是她先經過了那雄心萬丈、或者說是對前途貪多務得的反思，所以說出了「與限制好好共處」的事實。我想，管理也就是一種與限制好好相處的行動決定吧！

Magic Demystified

⬥

When the Workshop studio was completed, I walked around the space in awe: the soft grey walls; the tall panels of glass letting in daylight, streetlight; the stretch of mirrors multiplying light and space; the long working table and the hanging lamps above it; details, all the details. I could hardly believe my eyes.

"I don't know how mom did it," I told Pony.

"I don't know how she did it either," she replied. "I mean, I've been looking at this place since the beginning. I saw the workers come and go. I saw them work every day. Even so, I was shocked to see the space in its final form."

Magic had happened — or so it seemed. It was not just a matter of isolated objects suddenly harmonizing into something more. How did mom even have the time for this creation? When we roughly consider what must have gone into the process, she needed time to design the space, time to coordinate and supervise various crews of workers, time to fine tune the construction, and then time to purchase everything needed. Where did all that time come from?

It is true that my father had been an indispensable manager throughout the process.

My parents work extremely effectively in their partnership, but they are after all, just two people. Two extremely busy people, in fact.

Every morning, my parents leave for the market around 7AM. From that point onwards, their day is full of activities till bedtime. My mother works in the restaurant kitchen, while my father manages the logistics of our operation. In the few hours of break they may have between meals, they have errands to run, projects to work on, and plans to make. Soon, they are back at the restaurant again, ready for another round of battle. This carries on till late at night because a restaurant does not call it a day the moment customers are done with their meals; the clean-up afterwards is yet another cycle of work. And after this — yes, there is more after this — my parents go home to continue with their personal projects.

When I think about my parents' lives, I cannot right away make sense of how the Workshop studio is possible. I have a hard time believing its existence even while my hands touch its surfaces.

But like Pony, I too had seen the work in progress. I had witnessed my parents direct every pocket of free time to this studio and its adjacent shop. I know their secret is so simple, it's no secret at all — those little choices they had made with their time eventually summed in this sight. In the end, magic tricks do not hinge on divine powers, but the sleight of hand. They are illusions created by the clever handling of reality.

I once asked a friend, how she managed to work professionally, and still find time to write, to paint, to learn Tango, Flamenco, and volunteer at an outdoors club. She laughed and said she wondered about it too. But later she did share her trick with me: like my parents, she made use of every minute.

"I have a canvass set up in my workspace," she told me. "I draw portraits, so when I find a bit of time here and there, I would draw a muscle."

There was never much time, so a muscle at a time was mostly what she did. It seems small, but as she said, "In time I had a full portrait."

解開時間的魔法

Workshop的工作室完工後，我充滿敬意徘徊當中，那柔和的灰色牆壁與落地長窗引進了不同方向的光源，一段鏡子的反射延伸了視覺與空間感。細長工作桌的上方掛著吊燈，我眼中一切、一切的細節都讓我無法置信。

「我不知道媽是怎麼辦到的。」我說。

「我也是。」Pony回答道，「我從頭就一直觀察著這個空間的進展，親眼看著工人來來去去；即使如此，真的看到成果的時候還是感到吃驚。」

我們好比看到魔術一般。這不只是單獨的物件忽然合型成了更美好的場景，媽媽是怎麼找到時間來創造這個空間的？我們粗略估計她所需要的時間：設計的時間，聯絡與監督好幾組工人、完補工程細節、以及購買所有需要的物品的時間。這時間到底從哪裡來的？

我的父親在這整個過程裡，確實是不可缺的主導人。爸爸媽媽雖然在他們的合作裡非常地有效率，但他們畢竟只是兩個人。更明確的說，是兩個非常忙碌的人。

每個早上，他們差不多七點就開始工作。從這一刻開始直到睡覺前，他

們的一天充滿了活動。媽媽在餐廳的廚房工作，爸爸則安排之外的營運。在午晚餐之間休息的僅僅幾小時裡，他們有很多其他得做的事、需要繼續的案子以及要做的計畫；過了不久，他們又為了晚餐回到餐廳裡，開始下一場的戰鬥。這會一直持續到很晚，因為一間餐廳的運轉，並不會在客人用完餐後馬上結束。在這之後，我的父母回到家，又繼續私人的工作。當我想到父母親的生活，就無法馬上理解Workshop這個空間產生的可能，雖然我的手觸碰著這個工作室的表面，卻依然很難相信它的存在。

但是，像Pony一樣，我確實目睹了這個空間的工程進展。我看著父母親有空就動手打造這間工作室與一旁的小商店。我清楚他們的秘密簡單到根本算不上秘密：為時間做每一個小選擇，到最後便聚集成了我眼前的作品。魔術終究不是依靠神奇的力量，而是靈巧的手法。所謂的魔力，不過是聰明操控實況所創造出的幻覺。

我曾問過一位朋友，她是如何能夠一方面正式上班，一方面又有時間寫作、畫畫、學Tango（探戈舞）、學Flamenco（迷火舞），又在野外俱樂部裡當義工。她聽了之後笑著說：「其實，我也常有這樣的疑惑，我到底是怎麼辦到的。」不過最後她還是透露了她的訣竅：和我父母親一樣──她善用自己的每一分鐘。

我清楚他們的祕密簡單到根本算不上祕密：為時間做每一個小選擇，到最後便聚集成了我眼前的作品。所謂的魔力，不過是聰明操控實況所創造出的幻覺。

「我畫人像，所以就在工作的地方放了一個材料俱全的畫架。」她告訴我，「當我有個空檔時，我會畫一塊肌肉。」

她的時間有限，所以通常一次只能畫這麼一塊肌肉，看似進展不多，但結果一如自己的發現：「過一段時間後，我便有了一幅完整的人像。」

✣ 媽媽的話

我記得童年時見過最忙的人是自己的母親，別人稱她「文武雙全」，而我的印象則是媽媽從來不曾閒下，更不曾抱怨。因為沒有把「忙」掛在嘴邊，所以母親雖然背著時間與工作的重擔，卻從來不給人沉重的感覺。

做為父母，我自己的生活腳步到目前為止也還沒有放慢過，但心裡總記得要學習爸媽給的勤勞身教，所以，我們也從不跟孩子抱怨自己有多忙或多累。他們看到的，應該是一對與時間好好相處、一直努力工作的父母吧！

「時間管理」是人能愉快工作的條件之一，這份能力應該從小在生活裡被喚醒、培養。我深刻了解其中的好處，所以總是鼓勵孩子們好好觀察別人是如何為時間做更有效的安排。除了與孩子主動討論彼此的時間配用，通常我只是安靜、專注地工作，並分享努力之後自己充實的感受。這是我們給孩子最重要的時間管理之課——用成果來見證時間的意義與力量。

Agenda

✥

Before I became the Advertising Manager at the Daily Pennsylvanian, I was one of the team leaders, and before then I was a sales representative. Though after three intensively involved semesters, I had become well-versed in the work that we did, it was an entirely new challenge to take over the department.

I hadn't always wanted to step up to the managerial role. Actually, I had much preferred to stay in the in-between place, which belonged to the team leader (assistant manager). It was ideal for me, to be partially in charge and still free to roam the city for sales. In the end however, my curiosity pushed me over to the next step.

We were not doing well in our business at the time, and I had heard many explanations, mostly excuses; I knew things must change, and I wanted to find out if I could make that happen. It was one thing to criticize the situation from the sidelines, and quite another to bring in solutions. All these theories I had, would they actually work in practice? I had to know.

During the few weeks of vacation I had before assuming my new position, I spent hours every day in the Singapore National Library, researching books on sales and leadership. I already had ideas of what I wanted to do differently, but I thought drawing on other resources would help me flesh them out with more insight. The whole winter, I worked to complete my vision.

Then in the year to follow, I carried out my plan and though I had my share of setbacks, though I certainly made mistakes, the results were solid. During my term, we broke years of records in sales. Much of it, I believe, had to do with this period of planning.

I stepped into my office, ready from the first moment, immediately setting a new tone that characterized the department for the rest of our time together. Every day afterwards, I focused my teams on specific and measurable goals. There may have been other confusions, but there was never a question as to where we stood in the moment, and where we were all heading from there.

Although the numeric weekly and long-term goals were key to our success, they are not very interesting for outsiders to look at, nor appropriate to share. I offer instead, a look at part of the agenda that I had prepared for my assistant managers at the beginning of our collaboration. The document details our work philosophy during my term. Even though as with all plans, there were variables and adjustments, the text is still representative of how we functioned.

Ad Department Agenda for 2008
Strengthen Leadership

A) Increase Supervision of the Management Team

Traditionally, Team Leaders work virtually unmonitored; however, if we want the Ad Department to improve, we need to begin the change from ourselves. I hold you accountable for your duties, and in return, I ask you to hold me accountable for mine. Failure to fulfill obligations will be closely examined and may result in serious consequences.

B) Standardize Expectations among Teams

Even though we are divided into three teams, we are still one department. The differences in leadership styles make no excuse for our lack of standards across teams. From now on, we will work together to ensure every representative knows that he/she is held to the same expectations regardless of teams.

C) Give Constructive Diagnosis and Feedback

We refuse to be complacent. By constantly reviewing our work, we will give ourselves and the rest of the department constructive evaluation that is essential to improvement. We may have to change some of the ways we have been recording information, in order to render our data more useful. I hope I will never hear: "but we are already doing our best!" Getting defensive is easy — I don't claim to be immune either — but let us ask instead, "what can we change? What can we do better?"

D) Focus on Concrete Objectives

It is easy to get lost in the myriad of things to do, and easy to forget the reason for doing something — it is even easy to forget why we are here in the first place. But to be effective at executing a task, we have to be very clear on its purpose and our role in it. As leaders, our job is first to figure out what we are doing and why, then it is to convey this information to our department and provide appropriate support.

E) Get Ahead of the Game

We look ahead, we think things through, we plan. We always stay several steps ahead of the game so that we don't need to waste time panicking. Why let things fall into chaos when we can help it? If we are calm and composed, and we always know where we are heading, our department will trust us to steer. With their cooperation, we will also have greater success at getting to our destination.

F) Don't Lose the Common Touch

In order to lead, we have to be the people who are most familiar with our work. More than ever, we have to be involved. Being part of the management team doesn't mean that you will be sitting in the office all day long, watching people. We need to continue to grow as sales representatives.

領導者的挑戰

上任Daily Pennsylvanian廣告部經理之前，我曾是其中的一名領隊，更早則是廣告行銷員之一。投入這個部門努力工作了三個學期之後，雖然我已經對其中的責任非常熟悉，但要完全掌握整個部門的運轉，卻還是全然一新的挑戰。

我並不是一開始就想要當經理的。其實，我比較想留任副理，我認為夾在中間的角色有更多的好處；一方面能擔起部分責任，學習領導，一方面還能自由地走遍費城去行銷廣告。但最終，我還是被自己的好奇心往上推。那時我們的生意下滑，我聽到許多的解釋，大部分都是藉口。我知道我們得改變，但我想知道自己能不能夠創造其中的不同。站在旁邊說別人錯誤是一回事，真正能夠採取正確的行動又是另一回事。我希望知道自己的想法到底實不實用。

正式上任之前的寒假，我每一天都花了許多時間，在新加坡的圖書館搜尋有關行銷與領導的書籍。那時我已有一些自己的想法，大概知道要怎麼改變這個部門，但我也認為參考其他的資料能夠幫助我更有深度、更有見解地把這些想法詳細解說出來。整個冬天，我就為了完成那些目標而工作。

接下來的一整年，我照著這些計畫進行工作。儘管途中曾遇過許多困難，

也不是每次都做下最好的決定，但我們締造的好結果卻是不可改變的事實。在我的任期之內，我們打破了公司歷年來的許多紀錄，我相信部分功勞是要歸給那年寒假所做的功課。我從踏入辦公室的第一天，就完全準備好要迎戰。從那一刻起，我們決定了整個部門的新步調；而後的每一天，我都提醒屬下專注於我們明確而且能測量出結果的目標。或許我們曾有其他的困惑，但對於每一刻所處的狀況，與接下來要前往的目的地，我的團隊從不曾有過疑問。

雖然我們成功很大的關鍵，是在於每個禮拜與學期所定的數據目標，但這對外人來說並沒有太大的意義。倒是年初我為副理們準備的計畫，可以解說二〇〇八年我們的工作哲學。一如所有初步的計畫一樣，途中會因種種因素而有所修正，但這些文字還是代表著那一年我們的工作精神。

【廣告部門計畫書 2008：強化領導】

A）增強對於管理團隊的監督

傳統來說，我們部門的副理（領隊）幾乎在工作上都不受監督，但是如果我們想進步，就得從上層管理本身開始改變。我要求大家對自己的本分完全負責；同樣的，你們也應該對我有這樣嚴格的要求。我們將細心檢討任何不守崗位的行為，也會給予適當的處分。

我從踏入辦公室的第一天，就完全準備好要迎戰。從那一刻起，我們決定了整個部門的新步調；而後的每一天，我都提醒屬下專注於我們明確而且能夠測量出結果的目標。

B）統一所有行銷小組的標準

雖然我們分為三個行銷小組，但最終還是隸屬於同一個部門。每個領隊的不同領導風格，不能成為標準不一的藉口。我們將努力維持統一標準，無論在哪一個行銷小組裡，每一個代表都應該知道我們有一致的要求。

C）給予建設性的診斷與評語

我們拒絕自滿地停在原處，大家共同的目標是不斷進步。我們將透過檢討，為自己與廣告部門找出建設性的診斷與評語。我們也許需要因此改變一些過去記載訊息的方法，以便能更有效地收集資料。我希望我永遠不會聽到：「但是我們已經盡力了！」為自己辯護是自然的，我不敢說我從不這麼做；但我希望大家可以改問：「我們有不同的做法嗎？」或是「我們有什麼可以改進的？」

D）把焦點放在具體的目標上

迷失於太多要做的事、或忘記做事的原因是很容易的。我們甚至連自己在這裡的工作目的，都可能輕易遺忘。但如果要有效地處理事情，我們得非常清楚每一份工作的目的與自己的角色。身為管理團隊的成員，第一得弄清楚自己在做什麼、為什麼要這麼做；第二必須將訊息非常簡明地傳達給部門裡的代表。

E）永遠超前幾步

向前看，做事之前仔細思考、計畫，並永遠超前幾步。因為這樣，在這遊戲進展的期間我們就不會慌亂。只要心平氣和、事事準備好、無時不刻知道自己往哪裡去，這個部門就會信任我們的領導。也因為有了大家的配

合，我們更能成功到達目的地。

F）請別失去對工作的認知

因為要領導，我們必須是這個部門裡最熟悉行銷工作的人。這代表的是，雖然我們現在站在領導的位置，但必須比以前更深入參與這份工作。我們不能因為當了領導人就整天坐在辦公室裡監督他人，而是必須持續在行銷裡進步。

✤ 媽 媽 的 話

Abby在中學的時候，常常質疑我為什麼在工作中事必躬親，雖然我一直都告訴她與Pony，我對工作中能累積能力、有練習的機會感到欣喜，但她十幾歲的心靈並不完全認同我的做法，我那反覆操作、直到完美的工作哲學，還無法澆灌到她的腦中。

對於人生了解的分享，我從不強求孩子當下就能接受。時間會改變很多事，不允許她們親身經歷的事，很難要求同情共感；只是，我仍然堅持著自己對工作的愛、也仍是那個不忘分享心情的母親。

一年多前，在Abby給我的一篇文章中，我讀到了她的理解。事實上，她有所體會的時間，比我所預料的要早很多、很多。

Getting Your Hands in the Dirt

在成為《賓大日報》廣告部的經理之後，我越來越沒有時間去市區了，大部分的工作都集中在辦公室裡規劃、溝通跟解決問題。做為一個團隊的領袖，我實際停駐在辦公室的意義，比我原本預想的來得更重要。我常常可以感受到，我去辦公室是為了強調我是這個辦公室的負責人，因為對很多人來說，我在辦公室帶來一種安全感，一旦有任何問題，我會負責解決。

常常待在辦公室裡，我漸漸只注意到「管理」這個環節的重要，卻失去對整個工作運作的熟悉度。不再親身參與之後，我淡忘掉許多小細節，例如不同廣告的單價；如果我沒有長期與客人接觸，我也會忘記與客戶溝通時的專業表達。因為工作大部分都是在中心做計畫，我的業務能力其實有可能退步到我所僱用的員工之後。如果這個情況繼續下去，我應該問自己：多久之後，我就不再能領導他們了？因為我對他們的業務已不再熟悉。

當一個經理的業務執行能力比不上他的屬下時，是一件非常尷尬的事。當然，對整個工作有完整的觀照是不可或缺的要項，但仔細掌握細節也同等重要。要不然，管理者要怎麼去指出屬下的問題，並幫忙想出解決方案。

我決定離開ITA經理的工作，是因為這個學期就要搬出去住。但更重要的是，我覺得自己已經不適合這個工作了。因為我把大部分時間都用來做報社的工作，所以根本沒有足夠的心力來照顧ITA。而且，自從在ITA升任經理之後，我處理的問題多半都是員工的人際問題，不再與電腦相關，所

以我忘掉了許多基本的技術，我好像跟這個工作脫節了。如果我要繼續表現得更好，必須花時間來複習與精進我的技術，但事實上，目前我沒有足夠的時間來兼顧兩邊，所以我決定放棄一項，把時間集中在報社的工作。

這次的經驗終於讓我感受到，跟一份工作的前線運作維持密切的關係有多重要。當我有這種領悟時，我發現，其實爸媽早在很久以前已經教導過我這些準則了。只是因為我沒有實際的經驗，所以當時無法聽進去他們所給我的教誨。

回想起中學在自己家的餐廳打工時，我常常會質疑媽媽為什麼需要每天都在廚房裡工作。在那抗拒的年齡中，我只想遠離爐台，以及每一樣跟食物有關的事物。我不懂為什麼我們既然請了員工，母親卻不單只是指揮他們做事、當個真正的老闆，畢竟我們有足夠的人力配置；又為什麼在這種情況之下，她非要我們去洗碗不可。

在那個時候，我常常會想要引起衝突。我不願意讓我的衣服沾上油煙的味道，我寧願在有冷氣的地方做任何事，就是不要在廚房。

有一次媽媽看到我的不情願，她問我：「如果妳不想待在這裡，為什麼不離開？」我只回答說：「我不要。」媽媽繼續追問我：「如果妳不是真心想幫忙，那就請妳離開。」我沒有說什麼，因為我不願意告訴她，如果我走了，我會有罪惡感。只要她還待在廚房裡，我是不可能不去幫忙的，即使我的心裡非常不樂意，但我也無法輕易地走開。

如今事情改變許多，我已經找到烹飪的熱情。如果當年我有這樣的心情，一定會把餐廳的廚房當成我的遊樂場。同一個空間如今對我的意義已經完全不同，我以前如此厭惡的地方現在卻不願意離開。但更重要的是，我終於了解，為什麼母親總在最前線工作，雖然她並非不能只發號施令；我終於懂得，當我們願意直接去接觸問題、願意把手弄髒時，我們才能透徹地了解工作的實況，進行真正有效的管理。

以個人的觀點來說，有實際的操作能力代表的是一種獨立；這能幫助一個人成為一個群體中的領導者。就在我這樣想的時候，我確認了爸媽在過去所為我們建立的工作道德有多麼重要。

當我們住在泰國的時候，雖然家裡有佣人，但媽媽還是要求我們每個星期得拖地板，每天得洗碗和清洗自己的貼身衣物。媽媽自己也每天晚上都親自煮飯，我們的佣人只是她的幫手。當我們問媽媽，為什麼我們有佣人還要自己做這麼多事的時候，她為我們解釋說：所謂獨立的基礎，就是有照顧自己的能力。我們不能因為家裡有佣人，而失去培養這種能力的機會。雖然有佣人，但我們不應該依賴任何人。

爸媽還說，我們的能力使我們不藉言語建立了一種標準，使我們僱用的人知道要以此為自己工作的標準。有很多員工懶散，是因為他們知道自己上司的能力不足、自我要求也不高。越願意親身參與、越不怕手髒，不只使我們更深入工作的本質，親自為團隊做一個榜樣，另一層意義也代表了尊重。我們願意做他們所做的工作，是因為我們看到他們的付出，並以此為

榮。這份參與使團隊得到彼此真正的尊重，並造成和諧有效的工作循環。

因為有了這個領悟，所以在成為一個廣告部的經理之後，我還是時常會到市區拜訪客戶。儘管我並沒有被要求一定要這麼做，但我相信，如果我想成為一個有能力的經理，我一定要了解更多基層的工作，要熟悉進行中的業務。

Differently

❖

After several attempts at a Tango turn, I still could not reach the right landing places. Damian guided me one time after another. Finally he said, "Do something different. It doesn't matter if you are still wrong, just try other things." What I had been doing was obviously not working.

Similarly, my parents gave me a useful advice when I was a little girl. They said that if someone fails to understand what we mean, we cannot keep repeating the same words. We must rephrase. We must try to say things differently.

A simple concept, "differently", but as we become attached to certain ways and ideas, sometimes we forget this. Our sense of alternatives fades in the blinding hope that what we've chosen will eventually right itself — maybe not now, but definitely later. So we keep going, running at full speed, head first into concrete walls. Each time my Tango turn finished at exactly the same place: the wrong place. And whatever it is we have been insisting on saying, the others still don't understand.

Yet these moments are relatively easy to recognize. What is more challenging is when "differently" is needed beyond the instant. As our commitment for a project or a vision strengthens, it becomes harder and harder to think of trying anything else. But maybe these divergences are the solutions we need.

At the end of my Junior year, I applied to work as a manager for Penn's Housing and Conference Services. It was a convenient arrangement; all at once, I secured a steady summer income and free housing. Though put in charge, I was still left with plenty of free time, which made a perfect set-up for my greater ambition: I was going to become a real writer that summer.

Up until that point, my efforts had been limited. Though I had felt a certain power with words, it was difficult to call myself a writer — potential after all being only possibilities promising, not substance itself. If I had told anyone that I was a writer, inevitably they would ask what I was writing and what I had written. I had created by then, the first body of work I was proud of, but other than that I had little to show. Having succeeded once at putting words down on the page was not enough, nor was my love for the art when it stopped short of action. A writer writes, in the ongoing sense. I decided summer was the time when I would take myself further. There was a project I had set my mind on, a collection of short stories. By the time vacation began, I already had all the concepts mapped out and the story themes chosen.

But then, the moment came to write: I simply couldn't. I woke up at 5AM every day to sit at my desk. For hours, I would grip a pen and carve onto my yellow notepad, what few words that graced my mind. Frustrated though I was, I stuck with the discipline day after day just to keep going. I was trapped in a particular story at that stage in my life, and I couldn't branch out to do anything else. Everything I wrote came out as before; the ideas once brilliant, appeared unoriginal now. The more I tried to push beyond my boundaries, the more it became apparent that I couldn't write convincingly about what I did not know.

According to plan, I would produce 3 stories by the end of the month. In an email I had sent out to some friends (entitled "June is the Month of Transition"), I had detailed goals in various areas of my life for the summer, including this section:

Write

1) Complete 6 drafts out of the 12 short stories in my project. By June 30th, I will have 6 stories.
Deadlines: June | 5th, 10th, 15th, 20th, 25th, 30th

Day 1 - Character sketches, plotting, determine necessary research
Day 2 - Research & break story into smaller bits (scenes)
Day 3 - Write draft
Day 4 - Revise (if draft is still incomplete, continue writing and finish)
Day 5 - Revision before moving on

Already, I was halfway along the timeline, but in terms of actual production, I had nothing. I was starting to get upset. On one morning mid-June, I got up from my desk and decided that I had had enough. I would do something useful. Anything, other than sitting there scribbling garbage.

That "thing" turned out to be baking; with a bag of flour, I made biscotti, foccacia, English muffin bread, beer bread, Parmesan oregano biscuits, chocolate cake, and so on. I had never been comfortable in the kitchen, but all of a sudden this place seemed lovely in comparison to the mockery of my desk. All that I could not express in writing, I rolled and shaped with my dough. It made me happy, to be able to move again, even if it wasn't the sort of movement I had in mind.

There was a friend who came to see me often that summer. Whenever she visited, I would share my food with her. She asked one day, if I had thought about keeping a record of the process. I had in fact been taking photos for memory, but the idea of a blog came only after her suggestion. At first tongue-in-cheek, I posted on *When Words Fail* after every taunting creation. Gradually however, I began to find inspiration in the food itself, and because by then I had lost any preconceived notion of what sort of a writer I was, I felt free to experiment with my language. From there, a style was born. The writing grew and it continues to grow.

A year later while compiling my writer's portfolio, I fully grasped that I now had an archive of quality work at my selection; I had imperceptibly accumulated nearly two hundred carefully edited pieces over the months, and somewhere along the line the writer's block disappeared. In making a turn for another path, the obstacle once so central, now became irrelevant.

嘗試另一種不同

有次在練Tango（探戈舞）時，我雖然不斷地嘗試某個旋轉，但就是沒有辦法停在對的位置上。Damian帶了我一次又一次地轉，終於忍不住說道：「試試看不同的轉法。即使還是錯誤的也沒有關係，只要用不同的方式就好。」顯然，我目前的轉法是行不通的。

同樣的，爸媽也在我小時候，曾給過我們一個很有用的建議。他們說，如果有人聽不懂我們在講什麼，千萬不要一字不改地重複同樣的句子，一定要用不同的方式重新表達。

「嘗試另一個方式」，是多麼簡單的概念，但是，當我們開始對某些做事方法或想法產生強烈的安全感時，很容易遺忘這個準則。因為希望自己做的選擇沒錯，那股盲目的堅持時常蓋過其他的敏感。心裡想著，也許現在不能證明我的選擇是對的，但有一天一定可以的，一面想一面全速前進，然後一頭撞進水泥牆。於是，每一次我的Tango舞步還是停在那錯誤的同一個位置；而大家一直堅持重複的句子，別人還是聽不懂。

這種時刻儘管很常發生，都還算容易認出。更具挑戰性的是，在處於常態許久之後所必須做出的改變。當我們越來越順服、依附於某個計畫或夢想時，要嘗試新的方法就變得越來越困難。然而有一天，我卻在自己身上發

現，那岔路也許正是我們所需要的答案。

大三下學期末，我在賓大的Housing and Conference Services申請工作，擔任一棟暑期大樓的經理。當時那對我來說是個非常好的安排，一方面使我有固定的暑期收入，一方面又因此有免費住宿。雖然責任較重，但這份工作依然留給我許多私人的時間。這是非常完美的組合，因為我那個暑假的企圖就是要寫作。

雖然我一直都愛寫作，但在這方面下的工夫不多。我不敢對外多說自己的寫作，可是又同時感到這個特質明顯地存在。潛能只是一個有展望的可能，並不是實力。我知道如果我談起寫作，大家一定會問我曾寫過什麼，目前又在寫些什麼。雖然當時我已經有一個自己深感為傲的文體，但除此之外，我並沒有什麼持續的發展。一次的成功並不代表我真的會寫作，一個寫作人是不斷寫下去的。

光是熱情沒有動作對我而言並不夠，我決定利用暑假深探這條路。我有著大計畫、也有靈感，早在暑假還沒開始之前，就決定了要寫一系列的短篇故事。所有相關的想法都經過初步整理，故事的主題也選好了。

只是，真正要開始寫的時候，我卻一點也寫不出來。每天早上，我五點就起床，坐在書桌前，緊握著我的筆，一次

「嘗試另一個方式」，是多麼簡單的概念，但當我們對某些做法或想法產生強烈的安全感時，很容易遺忘這個準則。因為希望自己做的選擇沒錯，那股盲目的堅持時常蓋過其他的敏感。

寫好幾個小時。雖然困擾卻依舊每天堅持下去，因為我得繼續。那時的我正好卡在某個故事情節裡，自己找不到出路。我寫的文章都太類似之前寫過的，曾經那麼創新的想法，現在則顯得乏味無趣。同時，我又很快地發現，我越強迫自己脫離那些我看到的框框，就寫得越不自在，我寫不熟悉的事完全沒有說服力。

依照之前的計畫，我在六月中就應該寫完三篇故事。在一封寄給一群我很尊重的朋友信中，我曾詳細地為暑期定下生活裡的目標。在其中一段，我宣告了自己的進度──

關於寫作
完成六篇故事
故事截稿日：六月五號、十號、十五號、二十號、二十五號、三十號

每個週期的時間分配：
第一天：草擬故事人物、故事內容、決定資料搜尋。
第二天：實際資料搜尋，並把故事以不同情節分為工作小段。
第三天：打草稿。
第四天：校訂（如果草稿未打完，繼續把它完成）。
第五天：再次校訂。

我已經走在時間表的半途之中了，卻什麼也沒寫出來。這個困境使我很煩惱。

六月中的某一個早上，我受夠了。離開書桌，我下定決心做些有用的事，任何事都可以，只要不再繼續寫那些垃圾。就這樣，我打開烤箱，用一包麵粉分別做了biscotti、foccacia 麵包、英國鬆餅、啤酒土司、Parmesan oregano 餅乾和巧克力蛋糕等等。

我一向在廚房裡就不太自在，不過此時忽然因為書桌對我的諷刺太深，而覺得這個空間其實非常使人安心。那些我在文字裡表達不了的感受，都讓我揉進麵糰裡了。能夠再一次有所行動使我深感愉快，即使這並不是原定的計畫。

當時有個朋友常來看我，每次她來拜訪時，我都分一點做好的點心給她。有天她問我有沒有想過要把整個過程記錄下來。實際上，我已為了留念沿途拍下一些照片，成立部落格卻是在聽了她的建議後才完成的。

一開始，我充滿自嘲意味地在When Words Fail部落格上貼著諷刺困境的創作。不過漸漸的，我開始從食物本身得到寫作的靈感。我逐步脫離對自己寫作的成見，自由自在地開始實驗寫作的語言。就這樣，我慢慢地磨出自己的風格，我的寫作似乎成長了許多。

事過一年之後，我需要蒐集作品建立自己的檔案，那時，我才真正了解，我已在好幾個月裡無形中聚集了近兩百篇仔細修改過的文章。不知何時，我又能寫作了。因為轉了彎，選了另一條路，那曾經非常關鍵性的障礙，現在已無關緊要了。

❖ 媽媽的話

我記得Abby和Pony還很小的時候，我就從不為她們的傷心或哭泣而生氣。即使有些情緒我一時無法完全了解，但總相信孩子如果感到徬徨、沮喪或傷心，那之中必然有一份對她來說非常重要的感情，我的責任只是試著去了解。

Abby去美求學之後，我們分隔在遙遠的兩岸，我這遠距母親的教養工作並不多變：依然是試著去了解。

年輕的生命最明顯的特質就是探索自我，Abby跟同齡的孩子一樣，不斷地在尋求、或說是建立自己的真我。我總是認真地聆聽她跟我分享的每一件事、她說的每一句話，認真到有時候她會訝異地問我：「媽媽怎麼會知道？」我笑了，那些事都是從她陸續的話語裡拼湊出來的全景，她的每一句話，我都好好聽進去並留在心裡了。

她從小經歷過許多困境，所以面對問題時養成了自我檢視的能力。當然，蠻勁與困惑還是有的，只不過，不再碰壁而渾然或轉成沮喪了。生活裡的出口是別人為我們打開的嗎？還是自省之後設法找出的門把？想必Abby在那年的暑假中一定有所收穫。雖然，這篇文章似乎說的只是她對自己寫作的領悟，但以我對她的了解，相信這領悟一定不會只施惠於寫作這單一的事情之上。

Pony也一樣，她加入 RISD之後，常常用Skype跟我們分享功課所得，也

會在鏡頭上展示她所完成的功課和其中的用心與邏輯概念。記得有一次她說了一句讓我永不忘記的話：「媽媽，我現在知道為什麼大家說我們的學校好。因為RISD是要訓練我們以專業的角度、以藝術家的角度，來面對困難。」她還告訴我，她體會到「正確」就是要花時間好好做一份功課、一步步進階，不能推理或假造其中的資料。

我們與困難在每一個階段都會相遇，從孩子身上，我知道下次與它再狹路相逢時，我要有姿態、也要轉個彎，找到自己正確的路繼續前進。

The Luck of Dedication

"You must know!" Jen exclaimed. In the dimness, she turned around to study my facial expression. The traffic light outside brought a warmer tone to her cheeks. Those dark eyes burnt. "You must know just from observing, that this is not the ordinary speed people progress."

She was driving me home after a Tango gathering that day. Though we had always been friendly, it was the first time we had a chance to expand on our conversation. She was curious about what I had been doing to push my dance forward. In just a few months, she said, it was plain to see that I had improved exponentially.

I must know this myself, mustn't I? Her words were flattering, yet the urgent questions reminded me more of an interrogation. I blushed. "Yes," I said finally because she would not take silence for an answer. "Yes I'm aware of that. But to be fair, it's because I've been given extraordinary help."

In February, I stepped into a Tango studio out of pure curiosity. I am tempted to say that I never expected the dance to become so important to me, but when I look back to that first choice I made — giving up my seat at a good friend's birthday dinner to be there instead — I see how I had dedicated myself from the very beginning.

I started out the way most people did, one class a week. I had no formal dance training before this, but I did love moving to music and found release in the motions. I had done a bit of Salsa, more often I free-styled. Still, dancing was just something I did for fun — at parties or in my own privacy — until I found Argentine Tango. The more I learned about the dance and understood its philosophy, the more mesmerized I became.

My instructors, Marc and Krissy, kept urging all of us to go to the weekly dance parties. They said there was no better way to improve than to apply what we now knew in the real environment: at the Milongas. It was intimidating even to think about, but I went anyway.

The first time I was there, I arrived a bit early, not realizing it was more fashionable to be late. The directress of the Tango school was busying around, setting up the space. Naturally, I asked if I could help. She looked surprised. "But you're our guest!" Although she was happier at the time to have me relax on the side, she must have remembered my offer. Soon after that, I received an email from her noting how quickly I was learning. A few days later, Marc told me again how impressed she was, and on her behalf, he wanted to know if I would help run the milongas in exchange for free classes at the school.

"Of course, I would love to," I positively squealed, feeling a bit lightheaded.

Every Thursday from then on, I arrived early before the event, carrying chairs and tables up the stairs, laying down table clothes, lighting candles, preparing snacks.

Once the dance floors opened, I ran the cashier until midnight when the Milonga came to its close. Marc and I would then restore the space after everyone else left.

The director and directress were there with us for only a few weeks before they traveled to Argentina on a tour. One night before their departure, they drove me home and as I was getting out of the car, the director who was usually reticent, finally spoke.

"We really appreciate what you've done for us." Immediately, the directress agreed. He paused for her to add a few praises, then continued, "Every time you come, you take care of what needs to be done. We never have to ask. We want to thank you for that."

Though the formality was surprising, it was nice to have the acknowledgement. Before they mentioned this, I hadn't thought much about how hardworking I was. The effort I put in for the school was a matter of fact for me: my family had taught me to respect work, while my later experiences in leadership had made me resolve never to do less. What had since become second nature to me was now bringing unexpected gifts. A few months later, when the couple came back from abroad, they would offer me daily private lessons at a fraction of their usual price, as yet another token of appreciation.

In the meantime, because of my greater involvement with the community, I was dancing nearly every day. I knew more people and became close friends with many. They were generous in giving me help and inspiration, so that under their guidance I grew quickly both in will and in skill. I had fantastic mentors like Marc and Krissy, and for a while I even had a practice partner who happened to own the space where we danced. Assistance came from various directions. At the Milongas for example, I should have sat at the cashier more often than I did, but those who had seen me work often wished for me to dance more. They would take turns covering shifts in order to give me extra time on the floor.

As for the money I had saved from those free group lessons, I spent its sum on private instruction. During those hours, my teachers pushed me to the extremes and I was glad of it. Once when I shared with Marc, what a challenging class I'd had with Damian, he said, "With you, he asked for more because he knew you could take it."

It was true. During one of my first few encounters with Damian, I was cleaning up at the Milonga. At the end of the night, when as usual I stacked chairs on top of each other, he picked up a few of them to stack beside mine. "Such a hard worker you are," he said.

"For Tango," I smiled.

"For Tango," he echoed, "Very good."

I believe we reached an understanding that night.

The extraordinary luck I had in Tango, I credit my dedication. I'm not so naive to believe that every time we put in effort, we are met with its equivalent reward. As Damian said one day, "I have a joke for you. You know that saying: if you persist, you will succeed? Actually it should just be: if you persist, you persist."

A playful spin, but much more true to life. I have not had everything my way, no matter how hard I've tried. In that exact same period of time, I've had many changes of plans as the originals became unsound. But where it really matters to me — in Tango — I've had opportunities that still make me gasp with wonder. I have faith that somehow, when this dedication, this work ethic, becomes a natural part of us, we are luckier all around.

As Jen insisted in the car: during my last few months in Philly, I know I had grown rapidly as a dancer. I am still at the beginning of the process, but I have been blessed with a wonderful start. Since leaving the city mid-July, I have not been able to continue with the training due to my lack of resources in time and money. But this disruption, I had anticipated. Part of the reason I had trained so urgently was to fill myself with enough substance to keep developing through this stretch of Tango drought: I would feed on my memories.

Right now, even though I have other things to focus on, I am still building my body each day for when I have the opportunity again to dance. In two years when I am in Argentina, I may be rusted with the specifics, but I will be in shape, and ready.

努力的運氣

「妳不可能不知道的！」Jen轉過來仔細地端詳我的表情。在那光線微弱的車裡，外面亮著的紅燈映著她的臉，她深色的眼睛炯炯閃耀。「光是靠著觀察，也看得出來這不是一般人的進步速度。」

她那時正開車送我回家。那天在Tango（探戈舞）的聚會後，Jen好心讓我搭便車。我們一向友好，這卻是第一次有機會深談。她很好奇我最近到底是怎麼進行訓練的。就如她所說，在短短幾個月內，大家都看得出我的進步。

我不可能自己不知道這件事，對吧？雖然她的話是讚賞的，不過那咄咄逼人的說法讓我覺得像被質問。我臉紅了，因為她不願意把我的沈默當作答案，所以還是開口說出：「是的，我知道。不過老實說，這是因為我得到不一樣的幫助。」

今年二月，我因為好奇而第一次踏入Tango舞蹈教室。雖然我想說，當時並沒有預料到自己會對Tango如此認真，但在回顧最初的選擇時，我很清楚自己從一開始就已經全然投入了。那晚，我捨棄了一個好朋友的生日慶祝，為的就是要來參加這堂課；而後的每個禮拜五晚上，我也因此排開所有的活動。

我開始一個禮拜上一次課。在這之前，我未曾受過專業的
舞蹈訓練，但是我喜愛隨音樂舞動。有時我會跳Salsa，大
多時候我自己隨意編舞。無論在公共場合或是私下空間，
跳舞這件事，純粹只是我的娛樂。但Tango改變了我這個想
法。我越學越多、越了解它的哲學，就越來越為這個舞蹈
所著迷。

我的指導員，Marc和Krissy不斷地鼓勵班上所有的人去每個
禮拜舉辦的舞會──Milonga。他們說再也沒有比這更好的
進步方法。我們在教室裡學到的技巧就是要用在真實環境
裡──用在Milonga。雖然光想到就覺得嚇人，我還是硬著
頭皮去了。

第一次去的時候，我還未發覺在這個舞會的世界裡，遲到
是比較禮貌的，於是早早就到。當時Tango學校的女院長正
忙碌地安排空間擺設，我自然地問她是否需要幫忙，她愣
了一下說：「但妳是我們的客人啊！」

雖然那次她顯然比較希望我坐在一旁輕鬆休息，不過想來
她一定記住了我那次自願的幫忙。不久，我收到了女院長
的一封email，說她很高興我學得這麼快。過了幾天，Marc
把我拉到一旁，再次告訴我女院長的讚美，並問我願不願
意幫學校辦舞會，以換取免費團體課程。

我的家庭教導我要尊重自己的工作，在我有過許多領導經驗之後，更加了解任何事都不可以偷工減料。這已成為我習慣的工作態度，卻為我帶來了預料之外的禮物。

「當然！」我那時候高興到幾乎是用尖叫著回答，感覺頭頓時有點輕飄飄的。

從那時起，我每個禮拜四在舞會開始前先是搬桌椅上樓擺設，鋪桌巾、點蠟燭、準備點心。舞會一開始，我就充當收費員。當活動結束時，我和Marc則負責把空間還原。

學校的男女院長只與我們一起工作幾個星期，就前往阿根廷表演。在他們離開之前，有一晚曾開車送我回家，在我要下車時，那位一向沉默寡言的男院長忽然說話了：「我們真的很欣賞妳為我們所做的一切。」

女院長馬上附和，男院長又繼續說道：「每次妳來總是把事情準備得那麼完整，我們從來不需要開口。所以，要跟妳說謝謝。」

雖然他的正式讓我感到意外，但我很開心能得到這樣的肯定。在這之前，我其實沒有多想過自己的努力，因為好好工作對我來說是理所當然的。我的家庭教導我要尊重自己的工作，而在我有過許多領導經驗之後，更加了解任何事都不可以偷工減料。這已成為習慣的工作態度，卻為我帶來了預料之外的禮物。過了幾個月，當兩個院長回來時，他們因為要再次謝謝我，每一天都為我提供半價的私人課程。

在這期間，我因為與Tango的社群互動更多，幾乎每天都有跳舞的機會。我從工作裡認識了許多人，也與其中多位成為好友。他們引導我並啟發我，使我的能力與意志力雙雙前進。有幾位很好的舞者輔導我，我也一度

找到能共舞的夥伴（很幸運的他同時擁有跳舞場地，因此我們不曾為此苦惱）。我從不同地方得到許多協助。譬如在Milonga舞會時，大家會因為看到我努力工作而希望我多有機會跳舞，所以常輪流替我看櫃檯，好讓我有練習的機會。

我得到的免費團體課程，使我因此可以負擔私人指導。在這些時段裡，我的老師們盡量磨練我，我也樂意嘗試。有一次，我與Marc分享Damian在上課時是如何挑戰我的，他回應道：「他對妳的要求比其他人多，因為他知道妳可以承受被推往極限。」

這是事實。我與Damian初次見面時，我正在Milonga工作。夜深了，我如往常一般收拾、疊好椅子，Damian也順手拉了幾張椅子排在我旁邊。

「妳真是個努力的人。」他說。

「都是為了Tango。」我回答。

「為了Tango。」他重複了我的話，「很好，就是這樣。」

那晚，我們達到了彼此認知的共識。

我在Tango上獲得的運氣，要歸功於我的努力。但我從沒有天真到認為，自己的付出每次一定都能得到相對的回饋。就如Damian曾對我說的：「我有個笑話要告訴妳。妳是否曾聽過一句話：『如果你堅持，便會成功。』

其實這句話應該是：『如果你堅持，就只是堅持。』」

一個有趣的轉換，但確實比較貼切。我並不是做任何事都如意，有時無論多麼地努力，結果還是無法令自己滿意。在同一時期，我也因為許多原定的計畫行不通而改變了方向。但是最終，在對我很重要的Tango世界裡，我確實得到了驚喜的機會。我深信，當這努力的態度，當這良好的工作習慣變成了很自然的一部分，我們會因此變得幸運。

就如Jen在車裡提起我的進步，雖然我還在這個過程的起跑點，但確實已受到祝福。自從七月中我離開了費城，就沒有足夠的經濟與時間資源來持續訓練。不過，這個中斷是我之前已經預料到的。我當時如此緊密訓練的原因之一，就是要為接下來的這個Tango旱災做準備。我希望把自己充實好，以便在沒有很多跳舞機會的環境裡，也可以繼續成長。

現在的我，要把其他的事情專心做好，但我依然固定撥出時間鍛鍊身體，準備迎接再度有資源可以跳舞的那一天。兩年之後，當我前往阿根廷進修時，我也許已不熟悉這舞蹈的細節，但我會是體格強壯的，我會是完全準備好要繼續學習的。

✤ 媽 媽 的 話

Abby過了童年之後，我再次看到她跳舞是在曼谷的國際學校。當時她八年級，剛剛當上學生會主席。這是她從四年級轉受英文教育之後，經過了幾年的努力，克服了語言與課業上的困難，所踏出的表面看來滿懷信心的第一步。然而，課業只不過是生活裡的重心之一，她要面對的，遠遠多過這些。

那一天，我坐在觀眾席中看六對孩子在台上表演，雖然只是一場不很正式的演出，但Abby在眾人面前跳舞的緊張與困難，我完全可以感覺得到。幾位老師看她表演後所露出的驚異與愛憐的笑，跟我心中的感觸應該是非常相近的吧！與其說她在跳舞，不如說她是想盡辦法鼓起勇氣挑戰自己。在那個小小的舞台上，我的孩子不是在享受舞蹈之樂，而是用行動向自己宣告「不能害怕」。我以為，她是永遠都不會喜歡跳舞的，因為，沒有人曾看見過她在這方面的天份，而我們也一直習慣在早年就以「做得好不好」，來判斷一個人的能力或喜好。

回台灣讀國三那年，雖然Abby一個星期也會去雲門的舞蹈教室跟著大人一起跳舞，但那只是為調劑埋首書堆、四體不動的生活，我感覺不出她與舞蹈之間有任何美好的互動。

上大學後，她去參加美國搖擺舞社。有一天我在她帶回的錄影帶裡看到她精彩自在的舞姿，一時之間，許多奇妙的感覺騰然升起。好像舞蹈本身一

點都不重要了，我的眼眶之所以不停地泛出熱氣，只是因為她把一件自己曾經做得那麼不自在的事，轉變成無法想像的不同。她是怎麼辦到的？

再聽到她去跳Tango時，我當然對她喜歡跳舞一點都不感到訝異了。無論在電話中或她回到我身邊的時候，我歡喜聆聽她與這個活動的心靈交會。

有一天她跟我說，舞蹈教室有位老先生問她：「妳這麼年輕，為什麼會喜歡Tango？這是一種很嚴肅的舞蹈。」我好奇地轉頭注視著她的側面，跟老先生一樣，我也想得到答案。在我們散步的路上，微風吹著她細細的髮絲，她靜靜地說道：「因為我是個嚴肅的人。」

Serious，嚴肅，的確是的，我想起吳靄儀談「紀律」時所說的一段話：「紀律並不是道德的問題，而是美的問題。」我完全同意，我認為Abby的嚴肅，也是傾近於她對美的認知。

又有一次，我們外出等車時聊天，我又問起Tango的事，她仔細描述為什麼Tango對她來說是一種溝通。阿根廷Tango與一般人熟知的國際標準舞不同，是完全沒有舞步編排的。跳舞的時候要很快地以對方投遞的訊息來決定自己的回應舞步。她說，這就像溝通一樣，好的互動都要正視對方的心境，打破自我中心的障礙。溝通！經過她的說明，我似乎比較懂了，也想起瑪莎葛蘭姆就是因為說謊被父親識破，才決心在二十一歲時投身舞蹈的，她發現身體永遠無法說謊，肢體的動作會發出真誠的溝通訊息。

除了分享她對Tango的心情與對一件喜好的投入，我當然也注意到Abby學習一件事情的時候，是如何考慮自己的資源問題。雖然「學習」是一種再正當不過的花費，但她並沒有跟我們提起學費的支援。為了要有半價的課程，她去幫教室工作；因為工作努力，別人願意幫她更多的忙，所以她又從中得到祝福與快樂。我想，這就是她常常為自己打開的生活循環。

Thirty Minutes to an Hour a Day

❖

At Workshop, I often meet with clients to help them figure out more effective approaches in learning English. The conversations I have during these hours tend to be enlightening; there is something uplifting about two people coming together to review the past in hopes to find better paths for the future.

In one session that was especially illuminating, I worked with a woman who was incredibly passionate about mastering English. During the first part of our time together, she shared with me a comprehensive overview of her background. It was clear, from the long list of her attempts, that the stagnancy she was experiencing was not from a lack of effort. "I have tried many different things, but I don't think any of these methods are working well." she sighed.

To make sure that I had as complete of a picture as possible, I asked her to elaborate on what she was currently doing. She answered that even though she didn't have much time, she made sure to read about thirty minutes to an hour of English every day. I was impressed. Every day?

"Yes, every day," she said.

"But you are not seeing progress?"

"Not really," she shook her head, "and I've been doing it for quite a while, too."

I suppose she had heard from many others that reading in English is an excellent way to improve. While that is certainly true, I wanted to learn more about how she was reading. After all, "what" we do is only the surface; "how" we do it can make a world of difference. I recently came across a quote that encapsulated this idea elegantly: "Practice does not make perfect. Perfect practice makes perfect."

As soon as I asked what she had been reading, my client began to falter and after a few failed attempts at recalling titles, she told me, "I just pick something up and flip through it. Nothing in particular, really." At this point, the mystery before me began to clear up. While thirty minutes to an hour may seem like an insignificant amount of time, when these bits accumulate across days, they can grow into something substantial. In a month, this woman would have spent around 15-30 hours reading in English; in three months, 45-90 hours; and in a year, 180-360 hours. That is a lot of time spent on English books. But what came of them?

Whether this client was randomly scanning a different material each day, or whether she was focused on thoroughly studying one book at a time, in name she read, and time still passed. But it does make a difference in the end, which choice she made. Our accomplishments unfortunately do not add up by the hours, rather by what we do with the time. Just as in running, a mere exertion of energy cannot guarantee that we will travel actual distance. We may cover as much, but without a clear goal, it is possible to run in a circle and end up exactly where we had started.

My client and I came to the conclusion that we needed to help her better define her daily language work, and we proceeded to brainstorm new plans. I went home later that day with the analysis still echoing in my head. The woman's story had inspired me to reexamine my own attempt at learning Spanish. From guiding others over obstacles, I frequently find reminders for myself — this is perhaps one of my favorite things about the work that I do.

That very night, I sat down with the Spanish book I had been working on. Though I had been ambitious in the self-study program launched back in August, the progress had not been consistent; I did as much as I could, whenever I had a spare moment but at this point, time was often hard to find. In revisiting the pages, I saw with renewed clarity that if I could anchor myself and commit to an hour of studying one short chapter each day, come the end of November (in two months), I would finish this book for sure. Then after that, I would continue onto my second book with the same approach: learning little bits at a time, but learning every single day. At this pace and with this discipline, I trust that I can gain basic Spanish proficiency on my own within the next year.

每天三十分鐘至一小時

我時常在Workshop幫助客戶尋找學習英文更好的方法。這種時段裡的談話常常充滿啟發：兩個人聚在一起，細看過去並充滿希望地要找到朝向未來更好的路，令人振奮。

在其中一個特別使我省思的會面裡，我的客戶是一位對於學好英文充滿熱情的女士。她首先與我分享過去學習的完整背景，從那一長列的努力中，我很清楚地看到她所體驗過的學習停滯，並非是因為缺乏努力。「我曾試過許多不同的方式，但覺得好像都沒有什麼效果。」她嘆著氣說。

我想完整地了解這位客戶的情況，於是請她進一步描述目前的英文學習。她說雖然自己並沒有很多時間，但是每一天都會撥三十分鐘至一個小時閱讀英文。我聽了感到十分佩服。每一天嗎？

「是的，每一天。」她說。「但妳卻不感覺有進步？」

「不太有感覺，」她搖著頭說，「而且我也做好一陣子了。」

我想她曾經從他人聽說，學英文進步的訣竅就是要多閱讀英文書籍。雖然這是真的，但我想進一步分析她的閱讀。因為，我們所做的事常停在表

面，如何做這件事，則可以造成不同的效果。我最近看過一句話，很貼切地傳達了這個想法：「光是練習無法達成完美。完美的練習才能達成完美。」

我問她最近都讀些什麼書，我的客戶開始講不出話來。經過幾次嘗試回憶書名後，她告訴我：「我只是隨便拿書翻一翻，也沒有特別固定看哪一本。」這時，眼前的謎慢慢解開了。雖然每天三十分鐘至一個小時看似不起眼，但是這一點一滴逐漸日積月累，卻可以變成一段很有份量的時間。一個月下來，這位女士便花了十五至三十個小時閱讀英文書籍；三個月下來是四十五至九十個小時；一年下來則有一百八十至三百六十小時。這算是可觀的英文閱讀，但是這些時間的投資到底得到什麼樣的結果？

無論我的客戶是一天一天隨意翻閱手邊讀物，還是專注於徹底讀好一本書，時間就這樣過去了，而閱讀的活動也算完成了。但選擇會影響收穫。不幸的是，我們的成就並非以小時計算，而是這些時間裡完成事物的總合。就像跑步一樣，不是施力就可以跨越實際的距離；我們也許有耗費的移動，但如果沒有明確的目標，就有可能繞著圈子跑，怎麼賣力也總是回到原地。

我與這位女士的結論，是我們需要為她每天的語言工作找到更明確的定義，也朝著這個方向籌備了新計畫。我一直

我們的成就並非以小時計算，而是這些時間裡完成事物的總合。我們也許有耗費的移動，但如果沒有明確的目標，就有可能繞著圈子跑，再怎麼賣力也總是回到原地。

到天黑回家之後，還回想著我們的談話。我的客戶的故事，激發我更進一步地檢視自己在西班牙文上的學習。從引導他人跨越障礙之中，我的確找到許多給自己的提醒，這可以算是我最喜歡自己工作的一部分。

那天晚上，我再度研究起那本我正在讀的西班牙文課本。雖然我從八月開始了這個自修活動，起步就滿懷大志，但在這方面其實並沒有穩固的進展。我總是只在有空時盡量讀，但現在的我，要這樣隨意找空檔實在不容易。在回顧書本的內容時，我已清楚地看到，如果我能每一天固定撥出一個小時讀一個短篇，那麼當十一月來臨時（再過兩個月後）我將確定能夠讀完這本書。之後，我也要用一樣的方法繼續讀我的第二本書，每次雖然讀得不多，可是每一天都讀。以這樣的步調與紀律，相信在一年內我可以靠自己的努力達到基本西班牙文的流利度。

❖ 媽媽的話

Abby回來這幾個月，雖然不住在家裡，但我們每天都一起吃晚餐，見面時也總是關心彼此一天以來的工作狀況。常常是美好的回饋與快樂與自省，當然偶爾也有從工作而來的不愉快需要分憂傾訴。無論是哪一種經驗，在交換心得中，我都能看到這個家庭成員一致的想法：一定要從工作中得到更多的報酬——自己的成長。

成長的第一個要件，就是不讓沮喪和困難合理化，特別是情緒上所帶來的波瀾要如何不影響前進的心意，的確需要價值相同的伙伴互助。我很欣慰

在這方面，孩子常常與我分享她們的心情，與各自渡過困難的決心。

記得大一下學期，Pony 跟我說她缺過一堂課，理由是她覺得老師對她非常不公平。好幾次集體討論時，都不給她的作品任何指點，交叉評論他人的作品時，甚至跳過她，不給她發言的機會。到學期中，她沮喪極了，所以有一堂評論課她不想去上。

躲在宿舍時，她開始不停地問自己：我是為了什麼而來到這麼遠的地方求學？如果，因為老師對我不公平就放棄可以學習的機會，那不是真正成了傻瓜嗎？不管老師教得好不好，公平說來，他還是有很多值得我去挖掘的東西；既然我來了，就要自己想辦法盡量學。她說，雖然那堂課不應該缺席，但自己卻因而冷靜思考了許多事：「我開始更認真地把心思集中在課堂的教材，完全不去思考老師喜不喜歡我的問題。學期末，我拿到了A。我學到了許多東西，這才是我真正的收穫。」

無論在學習階段或進入工作後，孩子與我所遇的沮喪從沒有少過，但因為經常討論分享，所以即使難題無法立刻解決，也不會成為情緒的威脅。如今除了工作之外，我們也各自有許多自修的計畫。透過工作、透過生活的互勉與經驗交換，我們成了彼此鼓勵的好朋友。

Lunching with Ben

✛

Ben was one of my clients while I headed the DP Advertising Department. Since we shared similar backgrounds, we quickly became good friends and even after I left the company, we continued to keep in touch. Ben was an especially helpful mentor as I began my job search toward the end of senior year. During that period, we would have lunch every few weeks and he would coach me through the process, sometimes critiquing my resume, sometimes pointing me in better directions.

One day after placing our orders at a Thai restaurant, he suddenly sighed, "It's tough times, you know?" As it turned out, his company just had a round of lay-offs not so long ago. "I'm safe for now," he said, "but we had to let go of some people I never expected we would."

He then told me about an analyst — his assistant — who had just joined the company a year ago. In his early twenties, the new comer was fresh out of college and full of enthusiasm. He did everything he was asked to do, plus much more. Ben respected the young man and had envisioned a bright future for him. Unfortunately, the analyst happened to be the last person they had to cut, to meet the layoff quota.

"It was very upsetting," Ben said. After a brief silence, he continued, "But I met with him the other day to see how he was doing. At the time, he was still looking for a new job. He seemed optimistic enough. We talked about the situation some more and by the end of the conversation, we felt this might have been something good for him."

I must have looked a bit confused because Ben quickly explained, "You see, for the rest of his life, he will have this experience in perspective. He will know how to deal with crises and know that they do happen. From here on, money will also mean something different to him. I'm sure he understands by now, the importance of saving up — that's something people his age don't usually realize."

"Yes, this is good," Ben seemed to relish the thought. "This is good that it happens now, while he is young. Some people aren't challenged like this until they are well into their middle age. It's much harder to get back on your feet when you are older, if you've never fallen before."

I left our lunch table every time with fresh insights. It was usually the case too, that I would bring something new to share with Ben. In the beginning of my job search, I looked for work similar to what I had been doing, mainly in marketing and advertising. Later, I broadened my scope to seek other possibilities. He was encouraging throughout, always listening carefully to my reasons and always supportive of my choices.

"With time, you will have more clarity," he told me once.

He was right. The last time I had lunch with Ben, we were again at our frequented Thai restaurant. I was there to tell him that I would soon be leaving for Taiwan, and I planned on starting my own business there. The job search had been a provocative experience; toward the end, with every interview and every compromise I was asked to make, I realized that I would prefer to steer my own ship, even if it's petit and not always steady.

Ben laughed. "I'm happy for you," he said, "and now you will get a chance to be with your parents and your grandparents too. That time won't come back, so hold on tight." I asked if he had any advice for me. He told me that actually, before moving to the States he had his own architecture firm back home. "For months," he said, "we worked day and night. Work was always coming in, but the strange thing was we weren't making any money."

So one day, he finally sat down and looked at all the figures together for the first time. He saw that even though they had an impressive income, they were expanding at a much faster rate than they could afford. Ben ended up having to fire most of his staff — a difficult decision, but he had to keep the company alive. The firm took a while to build up again, though after that they were in great shape.

"It was a very important lesson for me," Ben concluded. "I always pay attention to my cash flow from then on. Faster expansion isn't always better. When you start your own business, remember to keep track of your costs and don't overspend your resources."

At the end of the meal, we each ordered a glass of Thai iced coffee. I took a sip, the sweetness of condensed milk filled my mouth.

"Ben, this is so, so different from what I had set out to do," I couldn't help but comment. "You would know, you had been there from the beginning."

Again he laughed. "That's how it should be. In architecture, no construction is exactly like its original blueprint. We set out with a plan, but along the way we make changes and what we end up with often looks very different from the first conception. It's only natural."

駕駛自己的小船

Ben是我在報社廣告部當經理時的一位顧客。我們因為背景相似而成為好朋友，離開公司之後，我仍舊與他保持聯絡，在我開始尋找工作後，他更成為我的輔導者。我們每幾個禮拜會同聚一次吃午餐，他就利用這段時間為我詳細解說關於工作的事情，有時也會幫我檢查履歷表，或建議我往更好的方向前進。

「我們真是處在一個困難的時刻！」有一天，當我們在一間泰國餐廳點完菜後，Ben忽然嘆了一口氣。「不久之前，我的公司裁了不少人，我目前雖然守住了工作，但是公司裁掉了一些我連想都沒想到的人。」

他告訴我關於一位年輕分析員的事。這男孩本來是他的助手，才二十幾歲，一年前剛從大學畢業就加入Ben的公司。他充滿活力，不但做了所有公司分配給他的工作，還不斷找尋更多的機會。Ben很欣賞這個年輕人，覺得將來他在公司一定會出頭。不幸的是，為了湊滿人數，這男孩成了裁員名單上的最後一人。

「真令人難過。」Ben安靜了一陣又繼續說：「但是我前幾天和他碰了面，想知道他最近過得好不好，當時他還在找新工作，不過看起來蠻樂觀的。我們又談起這次發生的事，談到最後，兩人都有同感：也許這次的裁

員對他是件好事。」

我當時看起來一定有些困惑，因為Ben很快又解釋道：「妳想想看，他接下來一輩子，都會用到這次經驗所為他帶來的不同觀點。他將知道如何面對危機，並且深信危機確實可能發生。從現在起，金錢對他來說意義也不同了。我敢確定，他現在一定懂得了儲蓄的重要——這是很多跟他同齡的年輕人還沒能領悟的。」

「是的，這是件好事。」Ben又重複了一次。「也還好是現在發生這樣的事，他還年輕。有些人到了中年後期才受到這樣的挑戰，年紀大了，就越難學習從這樣的打擊裡再度站起來。」

每次我與Ben碰面，都有一些新的改變與他分享。在尋找工作的初期，我想要的是像我在《賓大日報》所做的工作。後來，我擴大了範圍，尋找其他可能。每回認真聽完我的想法與邏輯，Ben總會支持我的選擇。「隨著時間的探索，妳會越來越清楚自己真正想要的是什麼。」他是這樣告訴我的。

果然，我們最後一次一起吃午餐時，又在同一間泰國餐廳見面。我是特地要跟他說，我不久後將搬回台灣，開始自己的事業。這次的工作尋找是個令我省思的經驗。到了末

「隨著時間的探索，你會越來越清楚自己真正想要的是什麼。」Ben是這樣告訴我的。這次的工作尋找是個令我省思的經驗，讓我看清我決定駕駛自己的船，即使這艘船很小，也不總是夠穩定。

期，每一次面試與每一個我被要求的妥協，都讓我看清我決定駕駛自己的船，即使這艘船很小，也不總是夠穩定。

Ben聽後笑了。「我真替你高興。」他說，「現在妳回去，還可以和你的父母與阿公阿媽共度幾年。那樣的時光是不會倒流的，要好好把握！」

我問他有沒有可以給我的忠告，他說其實他在搬來美國前，曾經自己經營一間建築公司。「有好幾個月我們從早工作到晚，每天都接很多的工作，卻一點利潤也沒有。有一天，我終於停下來細看每項花費與收入。全部的數字一起檢查時，才發現我們雖然有很可觀的收入，但為了要迅速成長，卻超過能力不斷在花費。最後我逼不得已，裁了大部分的員工。我很不願意這麼做，但唯有如此公司才能存活。在那之後，我花了一些時間重建生意，穩定後一切都很好。那對我來說是一次非常重要的學習，從此以後，我總是非常注意我的金錢管理。快速的發展不一定是比較好的。當你開始自己的事業時，一定要記得留意成本，不要透支自己的資源。」

餐後，我們各點了一杯泰式咖啡，我喝了一點，滿口的煉乳香味。

「Ben，這一切真的跟我一開始要做的非常、非常不一樣。」我說道。「你最清楚，你是一路看我走過來的。」

他又笑了，「就是這樣沒錯。我們做建築的，從來不會把一棟樓蓋得跟原本的藍圖一模一樣。我們有了計畫就開始工作，但是沿途不斷改進。最後建設完成了，往往與我們起初的想法看起來大有不同。這是很自然的。」

❖媽媽的話

Abby步出校門之前，美國已捲入金融風暴了。雖然她在畢業前幾個月就已經開始探尋工作的可能、四處面試，但在美國居民自己都嚴重失業的狀況下，她的居留身份成為求職上的一大阻礙。我想過她的心情，但並沒有給任何的建議，只叮嚀她，不要為了身份的問題而放棄自己對工作環境的選擇，或做出太多的妥協。我希望她沒有非留在美國不可的想法。雖然這四年來她已經非常習慣美國的生活，但是從小我們四處為家，搬遷轉移的適應力會因為需要而再生的。

對於Abby恰巧遇上這樣的不景氣，我的想法跟Ben是一模一樣的：「未必不好。」真正的理由雖然說不上來，我卻想起了一則引人深思的故事。

有個人在田邊遇到一位農夫，問道：「今年的雨水豐沛，想必莊稼一定長得特別好！」那農夫答說：「不盡然，雨水多的時候，植物的根就不用扎得深，等連綿的烈曬一來，特別容易枯爛。」我想，這不好的景況一定是要幫助Abby把根扎深，要她懂得真實的社會遠比她原先所想像的艱難。

那幾個月，她一定在壓力與自我的面對中不斷地重整心中的計畫；三月下旬，她很確定地跟我們報告要回台灣一段時間的消息，並開始積極地提出小小的創業計畫。我們很贊成，既沒有覺得她年輕創業太冒險，也沒有覺得這樣的開始格局不夠大。在提醒她好好準備的同時，我們並敞開雙臂真心地歡迎她的歸來。

Abby在回來之前，每隔一個多禮拜，都會跟我深談一次自己的準備工作進行得如何。對於她的分享，我總是認真聆聽，再根據她的計畫提出客觀的感受，但避免強力推銷具體的意見。在建議與牽著她的鼻子走之間，我努力掌握著自己的力道，因為，我知道我是一個想法與主意都很多的人，如何保留足夠的空間給這個已經成年的孩子，是我一定要深切自省的。

更重要的是，我並不懂得她的專業，就算我比她懂得這個社會的生意運作方式，但真正的產品在她的腦中，我不能以一個外行人的眼光來破壞她原創性的想法，即使要修正，也應該經過她自己的探尋與研究。我不斷跟自己說，我只是她的母親，並不是她的事業合夥人。

Abby決定回來後，我們在電話中提到合租一個空間的可能，因為我一直想為小朋友創造一間可愛的商店，而她也需要自己的工作室。如果我們合租一個空間，在各取所需的同時也能節省一些費用。原本，爸爸擬要借她一小筆創業貸款，讓她自己安排工作室的裝修，但後來那空間是由我的同一組工人完工的，所以我們有了新的協商。Abby除了分擔房租之外，還得按月攤還裝修的成本；經過精算之後，她每個月得付出兩倍於原有租金平分的金額。但這是公平而真實的，如果她自己去租一個空間，還是要先花一筆錢裝修設備。

不只是租用工作室，回來的兩個星期後，Abby也在隔棟大樓租到了自己的小公寓，從不遠處的家裡搬出去。她獨立照顧自己的生活延續著賓大那四年的連貫，只是現在沒有學校獎學金的支持了，房子、工作室的租金與

生活費，都成了生活收支平衡的第一步——一項再真實不過的人生成本。

Abby一向很有計畫，幾年來省吃儉用從工作薪水中存下一筆錢，原本預計畢業後去紐約工作做為生活預備金的儲蓄，開始派上用場。她也第一次用中文簽下自己的第一紙契約書，一個大學畢業生所要面臨的一切生活問題，在短時間內都快速進行與完成。在這個階段，我已經不把這一切視為教養的訓練，而是訓練後的體現了。到底，我們是把獨立當成一種口號或一種生活概念？到底，她是一架永不飛離地面的模擬機，或是真能自由航行、遨遊天空的飛行器，此後才是真實的考驗。

Ben是一位多麼好的朋友，他對Abby說的話不只共享了經驗，更鼓勵了迎戰人生的心靈：「他接下來一輩子，都會用到這次經驗所為他帶來的不同觀點。他將知道如何面對危機，並且深信危機確實可能發生。」

在一切都要細細思考成本的同時，相信Abby不只加深了她對努力與生存之間更清楚的認知，也會更懂得人要珍惜、感謝已經擁有的一切。

在這之前，無論她曾經做過幾份工作、有過多少升遷的佳績，在使用資源時，那當中的成本一定有很多是她無從主動感受到的。如今面對自己的小事業，無論大小資源，她都得為使用而付費，這真切的了解能喚起心裡的珍惜。一旦從自身做起，以後無論去幫任何人工作，我想她一定會想起節省不只是利己的選擇，而是一種認識真象的眼光。

說起來或許是很矛盾的兩種想法，但我一直希望自己能做得到。她是一個成人，但成熟需要時間，我常想，如果我能同時理解這兩個事實，才不會在不對的時間給錯建議，或常常失落在過與不及的教養中。

What You Said You Would Do

I call Brandon Baker my soulmate. We have the rare sort of friendship that revolves around a lifetime of growth. We don't interact often — not now, not before. Even while we were in the same school, we seldom saw each other. These days with the oceans between us, it is even harder to communicate frequently. Though we always wish for more time, we find great satisfaction in the fact that after every chance meeting, Brandon and I part ways, inspired.

At first glimpse we seem to be very different people. But what we have in common is our constant search for better ways to engage with our lives. One of my favorite emails from Brandon is about the power of focus. I keep revisiting this message because I think he is completely right about the need to give our full attention to all that we do, and in this age of multi-tasking, it is something I am still striving to master.

… this is what I have learned: the power to master your concentration on one thing at a time, at all times, is one of the most important skills a person can have. It is like placing a drop of food coloring in a 5 gallon jug of water. It is only a single drop, but it will affect every water molecule in the jug. This skill is much the same. it is only a single skill, but it will affect the way you do everything.

You and I are both busy people, and that means there is, at all times, an opportunity to mentally multi-task… an opportunity to worry about multiple things at single moments in time. I want to give you an example in my own life, because I think examples help to explain concepts much better than even the best theory.

As the professor is speaking, I find myself dividing my attention into about 20 separate parts:

"What is the professor saying? Who is that pretty girl looking at? Could it be me? Why does that guy keep looking to his left? Is he looking at the pretty girl? Oh, there's a bug. What did the professor just say? I wonder if the guy to my left cares about any of this."

And on and on, and on and on. Don't get me wrong: I hear 100% of what the professor says, and I understood 80% of it. But lately, I've been realizing that I've had this nasty habit of dividing my attention into dozens of parts no matter what I am doing. Shopping for food, walking on Locust Walk, taking a shower, etc. Only when I'm doing something that I have a passion for do I ever centralize my attention.

In the past few days, I've begun to change that, and I'm realizing that it can cure all my problems: from introversion to the fear of public speaking, to my problems with vocal clarity, to general feelings of well-being.

Lately I've been trying to focus as much of my attention on the task at hand as I could, and blocking out everything else. Regardless of how much success I have had, I have discovered one thing: my happiness (which is simply an aggregate reflection of the rest of my life) is directly correlated with how well I do this... No matter what I'm doing, from the most miniscule to that of the greatest importance — negative feelings go away, and I feel infinitely more in touch with myself and those around me.

Today, in that same class, I made it a point to envelope myself in the professor's words... to hang on every syllable, and in corollary, to block out everything else — especially people. I had a question about the material, and didn't give shyness a second thought. I simply raised my hand, and proceeded to ask the question. My heart-rate didn't jump a bit, as it always does. It was just natural.

Our topic of conversation continues across time and space. On another day, I passed on to him a phrase my mother had earlier shared with me: "We are not here to be somebody; we are here to do things." I told him I would like to live by this, because when we focus on what we do, rather than waste time worrying about how we come across — "Our character will naturally show," he completed my sentence. With Brandon, I never have to explain much.

After moving back to Taiwan, instead of sending an email detailing my life here, I wrote Brandon a list of things I had done in the month or so of my return.

He wrote back, "All I can think is, you're doing it. What you said you would do, you're doing it. I would wish you luck but I know you won't need it. I'm proud of everything you're doing and if you know me at all I almost never say that to anyone. So don't take it lightly!"

I never take your words lightly, Brandon. Every time I get your updates from across the world, full of new developments toward that eye-opening food documentary you vow to create one day, those same words echo: You're doing it. What you said you would do, you're doing it.

In between the dreams we're made of and the steps we take, we have our focus.

你說過你要做的一切

我稱Brandon為我的靈魂之友。我們擁有著罕見的友誼，而連串這份友誼的是，我們都在尋求持續的成長。

我們並不常互動，現在隔著距離不能，以前即使在同一個學校也不常聚在一起。雖然我們總希望有更多共處的時間，但也十分滿足於每次有過的思想的交流。

乍看我和Brandon，會覺得我們是非常不同的人。但我們共有的，是那個不斷想用更好的方式來經營自己人生的精神。我的好友曾寫了一封我非常喜歡的email，它的主題是「專注」。我時常重讀這封信件，因為我認為Brandon說得完全正確：我們應當在做每一件事時，給予它所有的注意力。在這個鼓勵人同時做好幾件事的時代，我還是非常努力想要更集中自己的精神。

……這是我所學到的：能夠主宰自己的注意力，使它不論何時只聚焦在一件事上，這是一個人所能擁有的重要力量。這好比我們把一滴色素放入一壺五公升水裡，雖然只是一滴，但是它會影響到這個壺裡面的每一個水分子。專注是一種能力，它會影響你做的每一件事。

你和我都非常忙碌，每一刻我們都可能需要在腦海裡處理多項思緒。我們隨時有許多要擔心的事。我要為妳舉我自己生活裡的例子，因為實例所提供的解釋遠遠勝過最好的理論。

當一個教授在講話時，我發現我的注意力分散在差不多二十個不同的地方：「教授到底在講什麼？那個漂亮的女孩在看誰？是在看我嗎？為什麼那個男孩一直看著他的左方？他在看那位漂亮女孩嗎？喔，那裡有隻蟲。剛剛教授又說了什麼？我真想知道左邊那個男孩到底在不在意這堂課……」

就這樣一直分散著、分散著。別誤會：教授講的話我百分之百聽進去了，也懂了差不多百分之八十的內容。但最近，我一直注意到不管做什麼，我都有分散注意力的壞習慣。無論我在買東西、走在大學路上或是洗澡，都是如此。只有當我做自己真正熱衷的事，才能完全集中注意力。

在過去幾天，我已經開始改變了。我認為這樣做可以根除我的其他問題——從我的內向、我對公開演說的恐懼，到我無法更好的口語表達。我想這甚至可以增加我整體的幸福感。

因此，我嘗試著在做一件事時盡可能聚集所有的注意力，

每當 Brandon 從地球另一端傳來新訊息，我心裡就共鳴著他所說的：

「你正在做了。你說過你要做的一切，你都正在做了。」

在造就夢想與實際踏出的每一步之間，我們有自己的專注。

而屏除其他的事。不管我是否成功，我有一個發現：我的快樂（基本上，這心情就是我的生活映照）與我能否做好這件事息息相關。不管在做什麼，從最無關到最重要的事，只要我能專注，我的負面感覺就會消失。而我也發現自己更能與他人緊密連結。

今天，在同一個班裡，我就這樣下定決心讓自己沈浸在教授的講課裡。我細嚼每個字，也相對地排除了其他一切干擾。在課堂中我對於教材有個問題，但我完全忘了害羞這回事，就這樣舉了手然後問了我的問題。我的心跳一點也沒像往常般加快，好自然。

我與Brandon的談話不受時間和空間的限制，持續延伸。有一天，我把母親與我分享的一段話傳給他。「我們不是來這裡做好人，我們是來做事的。」我告訴他我要牢記這句話，因為當我們不浪費時間在意他人對我們的想法時，就可以專注於手中做的事──「我們的人格自然顯露。」他完成了我的句子。跟Brandon說話，我從無須多做解釋。

在搬回台灣後，我沒有詳述我在這裡的生活，只在一封給他的email裡列下回國一個月間完成的事。他回信寫道：「我心裡不停地想，妳正在做了。妳說過妳要做的一切，都正在做了。我會祝妳好運，但我知道妳不需要運氣。我以妳為榮。如果妳了解我，應該知道我幾乎從不對任何人說這句話的，所以可別看輕它！」

Brandon，我未曾看輕你說的任何事。每次我接到從地球另一端傳來的新訊息，說著你又為了那有一天會令人大開眼界的食物紀錄片採取了什麼行

動時，我心裡就共鳴著你所說的那句話：

「你正在做了。你說過你要做的一切，你都正在做了。」

在造就夢想與實際踏出的每一步之間，我們有自己的專注。

✥ 媽 媽 的 話

Abby在賓大這四年，我去探望了她幾次。當有機會跟她的朋友在一起，都引我回顧起自己年輕的時候。雖然我也有好朋友，但能與朋友展開這樣的對話，卻是在中年以後了。因此，分享Abby陸續的話題或文章，對我來說是跨越時間與社會的變化來了解她。雖然，不停回想自己與她同齡時的心情，也能幫助我給她適當的輔導，但透過她與朋友的分享，我才彌補了自己經驗的不足。

「專注」這複雜的心智訓練，對我來說一直是極其重要的功課，我總是憑藉著專注，才能克服面對工作中的許多害怕，或不得不處理的突發狀況。聽到孩子與她年輕的朋友以生活為背景，從彼此得到這不斷長進的力量，我似乎不只是讀到友誼的美好，更看到一個人的成長是如何從他人身上得到啟發與互勉。

記得今年夏天，我也有同樣的感觸。Pony有位高中同學旅遊途經台灣，

在我們家過了一夜。這兩個十九歲的女孩在高中曾經同修過兩年的藝術課程，畢業後一個去了康乃爾念建築系，一個加入羅德島設計學院。那晚，我因為工作忙而無法為遠道的小客人做晚餐，但Pony已能為好友準備豐盛的晚餐與甜點。我加入她們時，烤在漂亮咖啡杯上的甜點正上桌，我看到愉快的話題中充滿了忙碌與興奮的氣氛。

甜點還沒吃完，只見Pony匆匆去房裡拿出她的筆記型電腦，聲音裡滿漲著高興對我說，她們正要分享去年一年彼此的功課與作品。勸勉與激勵的話題充滿在我們家的起居室，連後來才加入談話的我都受到美好的影響。

好朋友真是人生珍貴的禮物，一如Abby在文中所提：一起追求成長是友誼最好的串連。

掌穩夢想的方向
──寫給年輕工作者

「想要」不是一種目標，有了具體行動的計畫才是。

人生是一個努力的過程，起先只是一份決心，

以行動演出後，便成為經驗的成果。

我們不能靠著別人的意見來為自己定出方向，

唯有在遭逢艱難困頓時願意背負更重、跨過坑洞，

才會真正懂得什麼叫做「方向」。

守護年輕的資產

守護與培養的付出與覺悟，切切攸關
著我們未來的願景。一個社會的好，
並不端賴於自己孩子的優秀，我們都
要被別人的孩子服務。因此，愛年輕
人、真心誠懇地提拔與教導他們，是
我們應盡的責任。

Abby回台灣後兩個月，因為眼睛不
舒服而去掛眼科的病號。我問她要不
要陪她去，她說自己得學著自理生活
中的一切，會搭公車找到那家診所。
我叮嚀：「在台灣看醫生，妳一定要
自己主動問想知道的情狀，否則醫生
可能不會跟妳多說。」我餘悸猶存地
想起有一次去眼科就醫，醫生把我的
眼皮深深翻起後，也不告訴我已經檢
查完了或有下一個步驟，讓我非常難
受地翻著眼皮坐在那兒，體驗那句
「一拍兩瞪眼」俏皮話中的意境。

雖然我這樣叮嚀了，但Abby回來的時
候卻告訴我，醫生並沒有回答她的問
話，從頭到尾只有一個診斷，總共一
句三個字「結膜炎」。之後，倒是護
士幫她安排下一次門診時，對她說了
一句不可思議的話：「這個醫生比較
不好，下一次我幫妳約另一個比較好
的醫生。」孩子蹙眉笑著問我：「媽
媽，這是怎麼一回事？」當我們圍坐

在餐桌討論各自的看法時，一致的結論是：誰都不會以遇到這樣好心的護士為幸運；因為，每一個病人都配得一個認真執業的醫生。但如今，在這個社會上，期待遇到好的工作者卻往往是生活中的奢望。

這個價值架構是從什麼時候開始傾倒歪斜的呢？沒有人能回答。但是每當我看到一個態度輕慢的年輕工作者的時候，必然也看到他成長過程中行為意志澆灌者的心思意念；「要怎麼收穫先那麼栽。」這句話完全可以預言我們培養社會接班者時的心態。這些省思等到從指責年輕人才開始，會不會顯得太遲？如果在可以提供經驗的階段強化自己的影響力，會不會更有用一些？我常常忍不住這樣自問。

有個下午，我在工作之間閱讀日本建築家安藤忠雄先生的自傳，其中一句話不禁引我下淚——「我認為，必須將身負未來的學生，當成社會的貴重資產來守護與培養。」那種把年輕人當成貴重資產的體悟，我曾在新加坡生活的那幾年中深深感受到了。而守護與培養的付出與覺悟，切切攸關著我們未來生活的願景。

在孩子小的時候，我們所關心的都是他們生活在小範圍之間的出類拔萃。但隨著年齡的加增，所謂的競爭一定會提升到更高的層次，只有在那種認識之下，我們才真正感受到一個社會的好，並不端賴於自己孩子的優不優秀，我們都要被別人的孩子服務。因此，愛年輕人、真心誠懇地提拔與教導他們，的確是我們應盡的責任。

生活、工作與價值

二〇〇九年，我開始了人生一個全新的階段。這個暑假結束後，十八歲的小女兒Pony遠赴美東上大學，我們夫妻開始進入孩子們都離家，人們慣稱的空巢期。

曾經有二十一年，我毫無懷疑並致力於完成自己人生「階段性」的任務——我希望以妻子、母親的身分創造家庭的幸福感；我要求自己盡可能親自照顧家庭成員每日的起居作息，並以最自然實際的方式，完成孩子的生活教育與訓練。

也許是因為從母親身上得到的經驗，我很清楚要達到這份責任並不一定得放棄工作，所以，我一邊工作一邊靜心檢視自己的情況，希望不要落入工作與生活無法兼顧，不得不取捨的抉擇中。我的目標是：建立一種觀念——樂而為之；累積一種能力——有效的時間管理。

回顧二十年，這兩件事對我人生的跨步是同等重要、缺一不可的。因為樂而為之，所以身心負重時，我並不覺得懊惱自怨；這就像背滿行囊出門旅行的人，心裡清楚自己的前方有個目的地，舉步時便不猶豫艱難。而定心追求有效的時間管理，不只是思考判斷的訓練，更使我了解生活中的實作是一切能力的根本，我的積極完全源自於珍惜時間的想法。

我相信每一個人對理想的生活都有不同的定義，人生目標當然不必是制式的，但如果能給年輕的朋友一些建議，我會說：盡量「具體化」自己的目標很重要。

至少，在我們的內心，應該有一些明確想追求的要素，否則當時間像河水那樣悠悠流過時，每過幾年便會感慨地發現，自己竟不曾累積過什麼，甚或試圖探訪過生命可能的深度。

我虛歲二十七歲當母親，半年後便帶著嬰兒創業，一邊照顧孩子一邊工作。當時我對自己理想生活的定義，很簡單也很清楚——我想要成為一個「擔得起責任並不斷進步」的妻子與母親；我想要我的家庭生活食、衣、住、行、育、樂的品質年年有進步。

為什麼「責任」對我來說如此有魅力，而成為我理想生活的重要特質？最重要的理由是從小到大，我在生活中看過很多「負責」與「不負責」的人，他們對於他人生活的影響，就像往正負兩個極端發展的拉力。我知道，不管在人生哪一種角色上，如果我能養成「喜歡責任」的想法，必定會對他人有益，也一定能使自己感到滿意與有所成就。

在確定這個目標之後，我開始朝著「有責任感」這個含意雖廣卻很具體的方向往前走。我努力善思任何可資利用的

人生的確是全面連結的，只是在全面中仍有短長，可能無法樣樣精美。生活的價值是一種選擇後的實踐，無論在生活、工作中，一點一滴累積出自己引以為榮的表現，就是幸福與成就。

時間來互補家庭與工作的例行事務，然後以每個星期為單位，結算我該完成的工作。我對時間斤斤計較，因為揮霍不起；然而我的眼睛卻很厚道，常常讚賞自己的努力。所以，雖然總是馬不停蹄，但我覺得自己的生活是有成就也有價值的；因為，我的家人得到溫馨的生活照顧，而我在工作上也與員工彼此真心照應。

這些成就雖然不大，但是，在我二十年的壯年人生階段中，已經達到了我對自己的期望。而我所謂的「具體」，就是這樣的量力而為、不間斷地朝目標前進，一步一腳印的生活軌跡。

我常常被年輕的朋友問道：「生活可以是全面的嗎？人生的價值是否有個優先的順序？我該放棄工作回家去照顧生活嗎？」也許，對某些人來說，列出優先順序逐次追求，才能確定自己的腳步；但對我來說，人生的確是全面連結的，只是，在全面中仍有短長，可能無法樣樣精美。

養育孩子的二十年中，我把工作發展的腳步放得最慢，但那並不代表我沒有進展，因為在工作的時段中，我仍然全心全意求取自己的進步。

我常常很高興自己得一邊工作一邊照顧家庭，因為這兩種節奏使我的身心得到適度的調節，也使我必得更有想像力一些，才能在兩方面都有好的表現。每當我離開一個處境，往另一種場地繼續努力時，我不會覺得疲倦，而是慶幸自己能在如此多變的需要中生活，因而維持了一定的活力。

最近，我正在積極地計畫再一次為極度熱愛的工作自行創業。比之二十年

前，我感到更寬闊的條件，是不必再考慮自己帶小小孩而有的種種限制。但是，如果你問我，這種放手做去的自由自在二十年前就讓我擁有，我的生命與工作的發展是不是更好？我一定會不經思索就回答：好不好我不知道，但那不是我曾經期待的。生活的價值是一種選擇後的實踐，無論在生活或工作中，一點一滴累積出自己引以為榮的表現，就是幸福與成就。

跟你的工作談戀愛

我看到一份《遠見雜誌》新出爐的調查資料，其中一項說明了三十歲左右的朋友花在工作上的時間非常長，但他們心中的願望卻是想要追求更有質感的生活，於是調查的結論似乎顯示了「理想與現實之間有明顯的落差」。

對於這個結論，我自己卻有一些不同的看法。

生活品質的追求與時間的灌溉，當然有著密切的關係，但是誰都無法否認，所謂生活的幸福，也與心靈的滿足程度有著息息相關的連結。因此，投身於工作與追求生活品質並不是完全牴觸的兩種付出；問題的根本應該是：我們如何經營工作與自己、工作與生活的良好關係。

九月初，我送小女兒到羅德島去上大學，在陪伴她的兩個星期中，好幾個早上，我從帕維敦斯搭火車到波士頓去。速度快一點的車班，四十分鐘能到達市中心區，但黃昏回程時，卻只有區間車的開駛。

九月的波士頓真是天涼好個秋，美麗但忙碌的火車站裡，穿著風衣、背著電腦的上班族，腳步匆忙地往月台上走去。兩層座位的車廂裡、硬挺狹窄的椅子上，滿滿地坐著工作了一整天的疲憊身軀。窗外的天光慢慢暗了下

來，車行每過一站，我就隔著車窗在微弱的光照下，看到一批人緩緩從小站月台走向一旁的停車場去開車。

不知道他們取車之後，還要再往林木蓊鬱的荒郊小徑開多久，才會抵達自己溫暖的家。再過一兩個月，天候的條件會更差，那段路走起來也會更辛苦、更寂寞吧！在異國的夜色中看著這些世間男女的身影，我不禁細思起，無論在地球的哪個角落，人與工作一輩子都要緊緊相依的愛戀關係。

我用「愛戀關係」來形容人與工作的互動，不是沒有原因的。在過去的二十幾年來，我的確是抱著這樣的癡心來經營我對工作的情感。不只是對一份實質的工作，我也把當母親、照顧家庭，當成是一份最有意義的工作來傾注我的愛。

我相信這種想法不只我有，還有更多的人同樣愛著其實並不輕鬆的人生。那幾天在波士頓返回帕維敦斯的區間車上，我觀察到好幾個利用行車時間仍然繼續在工作的人，他們的臉上都有著一種不可思議的祥和與滿足之感。我於是更加確定，工作與我們，一定可以建立起一種堅固、信實的支撐。人因為盡力工作所帶來的心靈滿足與合理報酬，而給了高品質的生活更完整的評價。我們了解自己是社會的一員，在互相效力的生活圈中，任何人的工作對彼

投身於工作與追求生活品質並不是完全牴觸的兩種付出；問題的根本是：我們如何經營工作與自己、工作與生活的良好關係。一旦調整眼光看待工作，那些「不得不做」的事會漸生美好的滋味。

此的生活都有實質的貢獻，這種確認，使我們能另眼看待煩重的工作。

我遇過不少年輕人，他們對工作抱著一種成見，好像那是他獲得幸福最大的阻礙，但是經濟又迫使他們不能不工作，因此面對休假以外的日子，都過得非常不順心。我很同情這樣的朋友，因為這種觀念就像一個倒置的金字塔，頂在一個偏差點上，卻籠罩了整個生活。即使在不需要工作的休假中，他們也不見得能過得真正快樂，因為心裡擔心、也厭倦著就要到來的無盡循環。

在某些人的眼中，我是一個過度的工作者，但我跟「過度」兩個字倒是相處得很愉快，從來沒有過委屈的感覺。

漫長的二十一年，既要教養兩個女兒又要工作，如果心思散漫或心懷質疑，如何能把每天該做的事一一完成？我肯定自己的努力是為了獲得一種更好的生活，於是帶著愉快的心盡力工作，自然而然成了我美好生活品質的一部分。

有句老話說：「人生的幸福，不在於做我們喜歡的事，而在於喜歡我們不得不做的事。」我相信，這只是我們對人生負重初有的看法，一旦開始調整眼光看待工作、生活兩忙的情境時，那些「不得不做」的事會漸生美好的滋味。因為，扎實的行動會變成習慣，而行動可以轉化成性格。即使這種性格不能完全決定我們的命運，那因為日積月累所造就的優勢能力，也會幫助我們過出更幸福、更有質感的生活。

所以，我要給年輕的朋友一個最積極、也是我自己受益無窮的建議：調整你對工作與生活難以兩全的想法；不管你的工作是否是自己的興趣，好好跟你的工作談一場人生相知的戀愛吧！

你一定會發現，在工作中磨練成長的心，會更懂得如何品味生活。

珍惜生活經驗

一九九六年底隨丈夫移居曼谷時，我自己剛剛踏出第二步的餐飲事業因此而縮小規模。我擔心自己的遠行造成管理的不周，決定退出成大醫學院簡易餐廳的經營，雖然心裡不免失落，但情感天平的另一端，家庭團聚的重量穩穩地壓過了我對工作發展的企圖心。

企圖心不能盡情發揮，卻不代表我對工作的熱情一起熄滅。我很快地調整心情，也抓緊跨入異國生活的機會，用心觀察、學習別人是如何營運我所關切的工作主題。

十二年前，在許多人的眼中，泰國是一個生活水準遠遠落於台灣之後的地方。可喜的是，我拋開了所有的成見，用最真切的眼光體驗生活中的一切。我甚至把泰國多采多姿的生活創意與不可思議的商業概念，都用筆與鏡頭記錄了下來，自己編排了一本書叫《揉揉眼睛看曼谷》。

第一次看到這本書稿的出版社，微笑婉轉地拒絕了我。負責與我面談的編輯對我說，也許歐美國家的經驗會更適合我們借鏡。十年之後，當我看到《遠見雜誌》的報導與嚴長壽先生的著作《我所看見的未來》中，都不約而同地談起「康明醫院」時，我想起當時自己曾經多麼費心地進入康明醫院的營養部與餐廳，試圖探訪他們為病人在痛苦生活中所創造的幸福之

感；我也想起一九九九年，自己在康明動手術時，醫院與我之間充滿情感互動的記錄。

不只是醫院，在充滿異國居民的曼谷，有太多、太多商業上的想法，都遠遠超過了我的認識與想像。我不只思考、分析，也在每個月來回於曼谷與台灣之間，慢慢把自己從中得到的啟發帶回我的工作職場，那種鮮活的感受與經驗的轉借，成為我醞釀更多靈感的溫床。

雖然自己的經驗無法藉由書本與更多的人分享，但這失望倒沒有澆熄我對異國生活的好奇心，我計畫以更具體的行動深入期待的探索。曼谷六年的生活，對喜歡想像、看重實作的我來說，就像精讀一本參考書籍——我學到創意與創業如何做連結。

當我納悶為什麼有人以不同的成本概念來經營租屋事業時，便決定以搬家來讓自己有機會更深入地觀察這個極有趣味的議題。每年租約一到，我就到處走動，尋找最想入住的大樓。也許是運氣、也或許是我的積極造就了這些機會，在離開曼谷前，我已經把自己想住進的大樓完成了三分之二。我總共搬了五次家，兩度住進被評選為管理最好的公寓。因為整年的居住，我才了解了這些屋主的生活概念與管理團隊的實際運作，走馬看花的觀摩所無法深究的細節，我都從真正的生活中細膩地體驗了。

我很慶幸自己曾在一個浪漫、充滿想像力的社會，與另一個重效率、精算成本的國家各過了好幾年。生活是一堂豐美的課，不管在哪裡，我都不斷督促自己努力用功。

不只是居住上的體會，所有生活的大小事也一樣。為了有更多不同的感受，我會盡量捨棄因為喜歡而產生的消費慣性，強迫自己選擇新體驗。

二〇〇二年，當我從曼谷再移居新加坡的時候，我的生活又有了新轉折。如果說，我從泰國的生活中學到美與趣味所延伸的創意概念；那新加坡所給我的教導，就是「務實」與「未雨綢繆」的生活觀。

當年我們抵達新加坡時，經濟正處於一片低迷，比之一九九六年初那次短期的客居，所有的生活條件已改變許多。我從其中的改變，感受了新加坡人在面臨問題時是多麼有彈性、毫不自我設限地透過多方協調，來重新定位下一步。他們的心態與動作，都只為讓問題有更快、更好的解決。經濟不景氣時，總理甚至以福建話「漏氣不會死，沒氣才會死」，來鼓勵高學歷的年輕人改變自己的工作期待，以面對現實。

在新加坡生活了五年，我感受到這個社會非常遠慮、也非常有自省能力。有一次，我去移民局辦理居留證，心裡才想著某一個流程的效率似乎不夠好，再下一次造訪時，問題已完全改善了。

當香港旅客批評新加坡人沒有服務的「DNA」時，新加坡沒有把時間用來討論這批評是否讓他們心服口服。報上很快地出現這樣的報導：以萊佛士集團為首的一個小組，將從各方面研究，並透過教學來輔導各業界提升服務品質。我從新加坡的許多政令中學到：唯有深度自我期許的社會才樂於檢討；唯有檢討之後積極有效的行動，才能使自己進步。

我很慶幸自己曾在一個浪漫、充滿想像力的社會，與另一個重效率、精算
成本的國家各過了好幾年。生活是一堂豐美的課，不管在哪裡，我都不斷
督促自己努力用功。

以行動演出努力

有一天，我跟大女兒分享自己訂定目標的想法。雖然在人生不同的階段，我們母女常常討論這樣的問題，但因為彼此的經歷不斷改變，所以隨著成長所交換的心得便越來越深刻。

從升學到就業，人不一定一次就能定位好自己的大目標，因此在這個階段，年輕人最需要建議與輔導。他們既不能失去對社會現實與激烈競爭的了解，也不能因為認知偏差而失去踏穩實地、逐步努力的信心。所有的大自信都是從小成果集合而成，如果社會過度標榜少年有成的極端例子，就會促使年輕人建立一種人生觀，在還不懂為地面的房地產儲蓄前已拚命建造空中樓閣。我們不能忘記要幫助年輕人了解：人生是一個努力的過程。

二十五年前，雖然我才是一個大四的學生，但對「掌握」與「行動」的認識已經非常清楚。在離開校門前的半年，我開始尋找適合的工作，雖然學校在台南，但只要台北有任何機會，我都不辭路遠、努力嘗試。我很想通過各種測驗來了解，當自己要投入這個社會時，被認可的條件有哪些？

離開校門前，我很幸運地通過了幾次考試而得到不同的工作；更幸運的是，我決定加入新加坡航空公司。在第一次單獨與總經理會面時，他對我講了一句話，使我這社會新鮮人因此而眼界大開。總經理態度和藹，

但語氣很嚴肅，在一席談話與勉勵之後，他跟我說：「這第一個月裡，妳可以隨時離開新航；新航也可以隨時要妳走。」直到今天，這句話所帶給我的震撼與教育，使我永不忘記當刻的領悟：在一份事業與工作中，永遠不會只有我單向的條件與喜好在運作、決定。這人生的第一次鳥瞰，使我永遠懂得努力的重要。

努力起先只是一份決心，以行動演出後，便成為經驗的成果。我翻起好久以前的筆記給女兒看，與她分享為什麼我可以了解所謂目標並非總是遠大的；決定要如何從最小的行動做起、如何分配最短的時間，其實更為重要。是這些生活細密的累積，幫助我們完成大成果。

我的筆記上寫著：「假如你遲遲不能決定生活的目標，終有一日會發覺，原來在猶豫不決中過活，也是一項決定。」

我記得女兒聽完後，用英文一連串地回答我：「真的！真的！」又過幾天，她高興地說，當她跟留在賓大工作的朋友談起我們分享的話題後，隔天那位朋友馬上來信表示，他已認真地從工作中每天規劃出時間，積極準備研究所的考試。在此之前他一直舉棋不定，雖有想法卻沒有行動；現在他了解，沒有任何一種決定，會比開始一個行動更為重要。

> 「想要」不是一種目標，有了具體行動的計畫才是。
> 我們不能忘記，要幫助年輕人了解：人生是一個努力的過程。
> 努力起先只是一份決心，以行動演出後，便成為經驗的成果。

我又跟孩子說，我常常問自己三個問題：

我想做什麼？
想了之後該做什麼？
而後在這一段時間裡，我又真正做了什麼？

這三個自我檢視不斷提醒了我：「想要」不是一種目標，有了具體行動的
計畫才是。

在人生的旅途上，不要分心

與我一起工作的伙伴在職場上哭了起來。雖然那一刻我們的手都已經忙不過來、全神貫注地在調理食物，但我還是可以感覺到她的語音中滿塞著淚水與沮喪。當時，低垂著頭的她並沒有回答我等待的工作回應，只輕輕地說了一句：「我需要去洗手間一下。」然後轉身離開了。

雖然知道她在哭，但用眼角餘光看到這一切的我，並沒有放下手中的工作趕去安慰她，只交代另一位也在忙的同事抽空去看看。我們同工了一段時間，我知道她需要的，並不是我的安慰，而是用更理性的方式來擺平自己內心的掙扎，克服那些我可以想像到的自責與提問——為什麼我老是不能把事情做好？我會不會給別人帶來麻煩？同事會不會因此而嫌棄我？

當我們有這些問題的時候，即使別人好意安慰，其實也得不到自己真正想要的信心。那些難關只有靠著專注於工作、觀察應該改善的地方、慢慢解決窒礙，才能得到真正的寬心。

工作多年，我當然知道每一個人都會在不同的階段中遇上困難，有時候情緒就像浪頭一樣，將我們從正常的心情小舟中打翻落海。這種挫折感與失落，並非不可原諒的反應，但是，如果花費過多的時間不斷在處理情緒問題，就真正會耽誤我們人生的行程。

我從很年輕的時候就養成一種習慣，每次因為遇到困難而沮喪，我就問自己一個問題：「是誰承諾過，妳的人生一定會一帆風順？是誰說妳做任何事都會成功？」漸漸地，我開始有了一種心情，學會去記住自己的努力、欣賞自己做事的認真。我漸漸淡忘掉成功與失敗表象的意義；我更學會在任何不順利的事件發生時，不再問：「為什麼是現在？」或「為什麼是我？」

時代改變了，我們雖然忙碌，卻比前一代的人花費更多時間在探討自己的情緒問題。我覺得認識情緒的健康管理很重要，但是永遠不要忘記，行動能使我們以更具體的方式專注起來，其實是一種非常好的心理治療。

有一次跟好友鄧美玲女士在信件中談操作家事的好處，她在回信中呼應我：「真的，每次覺得心情低落時，只要開始擦地刷洗，過一會兒就覺得好多了。」雖然這些都只是生活小事，但就在我們採取行動的那一刻，不知名的疑惑會消失，我們能重新掌握自己的感覺被尋回了。

每個人都喜歡有目標的人生，卻不是人人都懂得提醒自己，往目標走去時要專注，才是真正的捷徑，分心會耗去自己過多的精神與資源。

我對專心有兩項實際的目標。一是朝著目的地直行──我

往目標走去時要專注，才是真正的捷徑，分心會耗去過多的精神與資源。行動能使我們以更具體的方式專注起來，不知名的疑惑會消失，我們能重新掌握自己的感覺被尋回了。

既喜歡餐飲，就應該努力探尋自己的愛好，用「久」來證明我對這份行業的喜愛，以用功的態度來證實「資深」不只是當行夠久，更應該有優質的工作經驗。

我勉勵自己專心的另一個目標，是盡量不耽溺於情緒的問題。生活中總有許多想做、可做與該做的事，除非我們非常放縱自己，否則絕不會找不到其他的事，來幫助情緒的轉移。

我常常遇到一些年輕的朋友，他們花費在與他人討論或解決生活與工作疑惑的時間，遠超過我的想像。在過度的討論中，我想提醒他們：先不要急著找答案，做做看再說。也許真正的答案，就會在過程中顯現出來。

就像我給那位哭泣朋友的鼓勵，並不是一番言語的安慰，而是隔天在她站上工作台時，以滿懷期待她進步的心情，為她擺上計時器，一如往常地要她在時間中好好把工作完成。

我相信，我對她可以跨越自己、克服情緒的信心，比柔言軟語的安慰更實際有用；也相信她會漸漸懂得，如果人生有夢，就得踩著困難直步向前、不能分心。

工作的三個條件
—— 情緒、智力、體力

跟多數的人一樣，我喜歡長長久久的事，所以，在決定要接下一份工作的時候，我常常檢視自己的三個條件：情緒、智力與體力。我發現，這三種條件如果藉著自省好好照顧，可以彼此產生影響。

在工作中維持好情緒是一種責任，而不是對他人的恩惠。一個懂得維持良好工作情緒的人，身心的勞累與不必要的自我困擾都會減到最低。不要忘記，我們的精力有限，不要為不好的情緒虛擲精力。

我記得有一次一位員工哭著對我說：「我這樣做也不對、那樣做妳也不喜歡，如果妳覺得我的工作不能順妳的意，那我不要做了。」我聽了之後，非常驚訝她竟有這樣的想法，於是跟她說了一段話：「妳如果不想做，我絕不會勉強妳。不過，要分清楚：不是妳怎麼做都不合我的意，而是妳沒有把工作做到應該有的標準。每一件事都一樣，並不是把它『做完』就算完成，更重要的是要『做對』。如果妳老是做不對，又希望我不指正，妳覺得這樣公平嗎？我們的工作品質要怎麼維持？」

好幾個月來，她一直把心思放在我糾正時背後可能有的想法，所以一定無

法專心於工作的進步。為什麼修改的時候總是過與不及？因為她沒有真正了解我們的工作目標是「剛剛好」，只一直在考慮我說偏右不好，那就來個大偏左吧！如果我左右都不合意，那當然是找麻煩了。她把重點都放在我這個人的身上，而不在工作本身。

不能在工作中維持好情緒，常常是因為我們忽略了工作的本質，而在其他的枝微末節上用心。那就像開車不專心一樣，情緒失焦會帶來危險與煩惱。

工作中的情緒不只是有開不開心、順不順手的心理反應，我自己更常出現的情緒是「害怕」。演講前、教學前、截稿前、走近店裡卻看到準備工作漏東漏西、沒有備齊，那種種的害怕都使人感到焦慮。到目前為止，除了「專心」之外，我還沒有更好的方法可以克服這些工作中不斷產生的害怕。不過，我也真的從行動當中得出一種經驗：「想的時候才怕，做的時候就沒有那麼怕了。」所以，一旦我開始感到害怕，我就知道自己唯有更專心工作，才有辦法跨越心裡的那層疑問與障礙。

不停地工作使我了解，一定要學習更多的專業知識，更要珍惜工作所給予我的練習機會。這就是我要說的第二個條件——智力。

在工作中，情緒、智力與體力互為影響，會彼此增長力量；更重要的是，一旦養成思考與檢視的習慣，我們就跟工作變成了此生真正的好朋友。

累積工作智力的方法有好幾種：

屏除無謂的雜思，專注於工作本身才能思考其中的道理。工作時別把自己當機器，要思學並進，整理自己段落工作後的所得。

要打開胸襟，從別人身上學習更好的工作習慣與要訣，也要靜下心來看自己。該欣賞的長處要記得給自己讚美，那是自信的根源；該檢視的地方更要坦誠，那是進步的過程。工作經驗越豐富，我就越發覺得，使工作愉快的原因，不只是work hard 也要work smart。

當然，增進工作智力的積極方法，還有勤奮閱讀與收集資訊。閱讀的習慣永遠使人受益，不只能藉此獲得相關的知識，也使人的心思更澄澈安寧。我越忙越不能離開書本，讀書使我有一種受到獎賞的快樂。資訊的收集也很重要，但在這個任何事都迅速膨脹的時代，了解自己的時間有限，不要徬徨在資訊無止的探討裡，也一樣重要。

體力當然是人能不能好好工作的重要條件。照顧自己的健康能保持工作中的體力，不過，好好規劃工作之外的作息，更關係著體力的應用。我看過許多人一離開工作就得用盡情玩樂來放鬆自己，等到返回工作崗位時已疲倦不堪，這種循環無形中讓自己越來越像工作的奴隸。

我們做每一件事，都經過自己的選擇，至少在接受一份工作之前，都了解其中的總總條件，如果不能勝任或對當中的限制感到不滿，不要充滿怨懟、不負責任的繼續下去。你可以自己想清楚，毅然絕然的離去，再去找

一份更適合自己的工作；要不然，就留在崗位上做一個讓人對你的態度感到敬佩的工作者。

要培養自己好的工作情緒、工作智力與工作體力並不難，因為這三者互為影響，會彼此增長力量；更重要的是，一旦養成這種思考與檢視的習慣，我們就跟工作變成了此生真正的好朋友。

自信與能力

把一件事做好，至少需要兩種條件──一是信心、一是能力。我覺得人生最快意也最困難的，是在這兩者之間找到一個精確良好的平衡點。

很多人覺得自信很重要，好像只要有自信就可以成就能力，所以動不動就愛對朋友喊話：「要有信心啊！」似乎這種非常複雜的心理經驗是一份再簡單不過的想法，只要你願意，就一定可以隨時擁有、取用。

我倒覺得，自信無法憑空而來，即使有人不斷對我們說：「你好棒！你一定可以！」我們因此而得到的，至多只是鼓勵自己放開腳步的「勇氣」，而非「自信」。我們對自己產生信心，是因為有過「完成任務」的經驗，無論那份經驗是不是非常完美，一旦經歷過完整的處事過程，我們就因此而有了檢討與精益求精的著力點。從這份經驗的基點上，我們漸進地體會到信心的力量，我想這就是成熟的開端。因此，我總是非常珍惜生命中任何可以實作的經驗；我視這些經驗為培養能力的機會，也從實作中累積出屬於自己的信心。

跟許多人比起來，我很年輕就開始創業，在二十七歲那年，帶著六個月大的女兒無怨無悔地走入我的餐飲夢。那一年，從頂店、裝修、餐食設計、實際的操作與員工訓練，自己全部一手包辦，身體的辛苦與精神的壓力之

大，都是這一生中頭一次的經歷。當時，我的自信仍然是源於一份自知的能力：因為我從小嫻熟烹飪之道與處理家務時優先順序的重要。我還有一種別人完全無法從我的外表與家境中得知的自信：不怕吃苦。雖然我知道開餐廳非常辛苦，但我願意吃這份苦來完成自己的夢，熱情是我圓夢最好的條件。

我的餐飲夢一做就是二十年，如果不是因為自己對它的熱情始終如一，我不敢在此與大家分享這種經驗。因為，我是那種在乎天長地久的人，而不是對夢想能停留在曾經擁有的滿足中。所以，我總會勸告年輕的朋友，如果真的有夢，要把耕耘看成目標；通常，我們會在許久許久之後，才能體會到豐收的甜美與努力工作所回饋給生命的禮物。

這幾年，我常常遇到一些年輕人，他們言談舉止之間顯得非常自信，那些表象給予人的信賴感，的確能贏得某些好感。但工作場上，實力才是最具競爭力的優勢，如果我們與人共事，能力卻遠遠追不上彰顯於外的自信，往往會帶給別人極大的困擾與損失，也因此永遠失去了再次合作的機會。所以，我對自己的訓練與期待是：能力與信心有貼切的吻合。

有些人相信，抓住機會很重要，因此不管自己能不能勝任的工作，都要不顧一切地爭取，並認為這種積極就叫做自

有些人相信，不管能不能勝任的工作，都要不顧一切爭取，並認為這就叫做自信。積極當然是美好而重要的，但真正的積極並不是只懂得爭取機會，還要不斷追求能力的增進。

信。積極當然是美好並且非常重要的，但是真正的積極並不是只懂得爭取機會，還要懂得不斷追求能力的增進。

雖然我自己創業很早，但我並不認為年齡是創業最重要的關鍵。有的人在年輕力壯、勇氣百倍的年齡時創業，卻沒有成功；有的人在中年時才創業，也並未與社會脫節，反而步行穩健。所以我認為，創業的人應有的特質是：習慣裝備自己、願意不功利地盡力耕耘。

最近，我收到一位讀者的信，發信的是一位三十六歲的年輕母親。在信中，她告訴我自己不怕吃苦，希望能有機會來跟我一起工作，因為她也有餐飲夢。儘管每隔一段時間，我總會收到幾封這樣的信，但真正可以克服困難、持續前來的人其實並不多。我了解人在「想」的時候，通常比較有衝勁，要行動時，便有許多疑慮足以阻礙心中的勇氣。夢想之所以常常無法啟程，總有它合理的阻礙。

我接納了這位每天遠道而來的朋友，想要好好教她，並希望她以自己的勤奮與執著為基礎，早日能離我而去，獨當一面。我認為三十六歲是非常好的年齡，三十六歲而有夢，並願意為夢排除萬難、努力追尋，就是我預估她可以成功的條件，而啟程之前，她正以十分辛苦的工作腳步在磨合自己的信心與能力。我知道一旦兩種條件齊備時，夢想的門一定會為她敞然開啟。

妳沒有看過她在廚房裡的樣子

應邀去「薰衣草花園」為社內員工演講時，執行長看著講題向大家說：「今天我們不會聽到數字的分析、不會聽到效率的問題，我們要一起分享另一個溫柔的主題──好大人。」

我接過麥克風開始分享「好好生活、好好工作、好好說話」之前，告訴大家說，事實上我是一個非常重視效率的人，因為一個人如果期待要兼顧生活與工作品質，就不能不講究效率。但似乎所有的人又都覺得，溫柔與效率、或溫柔與堅持，是不完全相容的特質。

讀者們特別喜歡向我的孩子打聽我溫柔的真實度，因為他們從幾本書裡勾勒出一種印象，覺得我永遠不生氣；還有人問道，我們是不是沒有情緒。

這些由孩子們傳來的問話，常常成為我們家餐桌上的笑談；而對於溫和的尺度，想必我們全家也已經有了一些特別的看法。我可以說，一個互相了解、珍惜好氣氛的家庭，必然會少掉許多爭執，那或許是成就我的溫柔最重要的理由。

在一次晚餐裡，我們一家又說起「溫柔」這個話題。Abby提起她在費城曾經非常仰慕的一家小餐廳，因為她有一位同學剛好在那裡打工，所以在一

次拜訪中，她終於見到了那位有名的女主廚。Abby形容那位女士的聲音好輕、舉止態度好溫柔，所以她也推測這樣的人，應該是不會發脾氣的吧！

有一天，同學之間聊起這位女主廚，Abby說出她對這位女士的想法，當時他的同學回了一句話說：「妳沒有看過她在廚房裡的樣子！」

雖然一時之間，我還不清楚故事的內容是什麼，但聽完這句話，不知道為什麼我笑了起來，「你沒有看過她在廚房裡的樣子！」這難道是在說我嗎？一個走進廚房裡，全部感官都會自然緊張待命的工作者。

那位同學說，他在餐廳的工作是負責擺配菜盤，那一天，有兩個盤子應該放上不同的配菜，但他弄錯了，等主廚發現的時候，有幾盤菜已經送到客人的桌上。這樣的錯能有多嚴重呢？而那位溫柔的女士又有什麼反應呢？

「我起先以為她要把我殺掉，看到她為了自己設計的菜放錯地方而如此生氣的樣子，完全把我嚇呆了。不過，她終究沒有對我下手，只不過把我們通往後面廚房的門打出一個洞來而已。對她來說，這個錯誤完全不可原諒。」

聽完故事後，我不禁想像著那份能把門打出一個洞的沮喪

我不禁想像著那份能把門打出一個洞的沮喪心情，她的生氣我完全可以了解。面對錯誤並不可怕，面對客人無法完整地收到她原本的心意，才是讓她沮喪萬分的原因。

心情。她的生氣我完全可以了解。不，應該說，最難以接受的並不是忿怒
而是懊惱——一位全心全意的工作者因為無法事事躬親卻必須全部承受錯
誤的懊惱。面對錯誤並不可怕，面對客人無法完整地收到她原本的心意，
才是讓她沮喪萬分的原因。

她心裡應該不是責怪已經犯下的錯，而是不了解；不了解為什麼犯錯的人
不像自己那麼在乎客人的感覺、完美的呈現。我知道那種斤斤計較、事事
在意的心情；我也知道有時候那份期待是永遠不會被了解的，尤其在一個
溫柔的外表之下。

挑剔

有一陣子，我幾乎要懷疑，自己是不是一個對人要求過度、做事吹毛求疵的人了。因為，我發現自己老在「挑剔」廚房裡的伙伴──這裡的火候不夠、那份青菜煮得過熟；走到外場時，我一眼就能看到哪一面鏡子不夠潔亮、桌上植物的葉片沒有挑整清爽、蛋糕櫃裡有不該擺放的東西沒有撤到廚房的冰箱……不斷指出這些建議時，我可以從回應的眼光中了解大家的不好受，但我卻無法因此而停止自己的要求。

在工作中，我們應該學習好好看待「挑剔」的意義。因為不同的觀點與角度、不同的專業認知與自我期待，使我們在工作中提到「挑剔」這兩個字的時候，似乎只顯現了從權威的立場所產生的責備行為，它總是帶著負面的評價。

花了一些時間，我才把自己面對這種問題的心態調整好。我終於了解：「要求」到底會變成一種吹細毛而求小疵的責備，還是一種被認可、虛心接受的自我期許？這跟人在思考一件事情的位置有著重要的關係。

如果，我們所有的工作人員都站在同一個立場，心裡惦記著消費者的感受，關心他們對我們的產品與服務會有什麼印象或反應，那麼，所有細節的要求就只代表著工作中一種極為美好的自我期許。

但是，如果在交換這些意見的時候，我們是以人際、以主僱之間的要求落差為基礎，那麼，這些微調與要求就很容易擦槍走火，暗暗轉成衝突。

我曾在許多職場見過這樣的場面，幾位員工放下該做的工作，湊在一起忿忿不平地討論他們當中有人受到的工作指責。當時，在我的立場裡，根本就不可能關心他們被責備的標準是否公平，因為，做為一個被服務的對象，我已經深受這種不敬業的態度所波及。當一個人放下自己的責任不管的時候，很難有夠好的立場來要求他人的諒解。

我常常看到有些人喜歡動不動就拿「完美主義」來揶揄工作賣力的人，我自己倒常常想到「盡力主義」。對於一件事設定比較高的目標，朝著一個可以更好的標準努力。在抵達終點的時候，因為曾經如此盡心盡力，就算結果不盡完美，也能對所有的成績感到坦然。

我喜歡工作，總想要把一份工作盡自己的能力做好，或喚起伙伴一起努力的熱情。我希望自己的挑剔能得到員工的認同，讓取法其上變成大家一起工作時的思考習慣，讓精益求精變成快樂的自我期許。

「要求」到底會變成一種吹細毛而求小疵的責備，還是一種被認可、虛心接受的自我期許？這跟人在思考一件事情的位置，有著重要的關係。

老闆情懷的自我訓練

有一位員工好幾次跟我談起，店裡的工作太辛苦。她所說的都是我能了解的──工作時間太長、體能太耗費、休假時間無法與朋友配合。千計算、萬分析，她得到的最後結論總是：因為我是「老闆」，所以才能如此勤奮地堅守崗位。

我把這年輕孩子的話仔細地想了又想，覺得這些道理對我來說其實似是而非。因為，我更想知道的是，如果我把老闆的位置讓給她，那每日新鮮勤奮面對工作的心情，可會自然而然地轉化到她的身體與概念中？

我所認識真正勤奮的人，他們的分類並非從角色而來，而是一種根生的性格或源自自我的學習要求。或許這樣說才更合理一些：每天勤奮工作、努力耕耘的人，總是比較有機會當老闆。這個事實如果從結果論來分析，就變成了老闆是因為事業的成敗關乎著自己的利益，所以總是無怨地工作。

如果當老闆是創業的代名詞，我真的很願意給年輕的朋友一個建議：在自己還是員工的時候，從工作中去培養自己擁有「老闆情懷」。

什麼是老闆情懷呢？

——承擔結果的準備

我因為很年輕就歷經這種心情與處事的訓練，因此在做任何事情的時候，盡力負責任成為我唯一的想法。踏入社會二十幾年，我並不是做每一件事都擔任「老闆」的角色，卻因為在自己小小工作上的老闆情懷，不管做什麼，負責都成了我唯一的目標；努力參與使同工的目標盡快達成，也成了我的一種工作性格。

幾個月前有個黃昏，我那小餐廳的訂位已滿，當所有的燭光點起，我們正準備要開門迎接晚餐的客人時，外場一位對工作很熟悉的員工，突然走進來跟我說：「我心情很不好！真的覺得今天不能工作了，我突然很想我爸媽的臉。我可以回家嗎？」

我可以回家嗎？我盯著那張完全以自己為中心在思考的年輕臉龐，心中閃過她幾次對我說話時，最感到驕傲的就是自己的「敬業態度」。如今在這個工作的重要時刻，她不可能不了解，餐飲服務中突然人力不足會造成的品質低降。我不禁納悶，她對敬業的定義到底是什麼？

我忍著所有不解，走過去扶著她的肩膀、誠懇地要求她：「不管怎麼樣，讓我們好好做完這一餐。其他的事，做完再說吧！」

領導者都需要有環顧全景的能力，要訓練自己有老闆的情懷，就不要一心期待那所謂清楚的責任劃分。懂得分工是效率，但懂得督促自己關懷總體的工作進度，才是自我能力的成長。

我說的老闆情懷是什麼呢？你不能在臨場的一刻撒手不管；你不能只看到
自己心情的跌宕而不看到工作的進行。

──不執著劃分工作的定位與範圍

有些人在工作上很少思考自己的「成長利益」，他們把工作只當成對別人
的付出，單純是個買賣，別人付多少錢，我就付自認為相對的心力，其他
的附加價值一概不在計算中。所以，如果在崗位上不把工作界線劃分得一
清二楚，他們就會充滿不安全感與計較的心。我覺得這樣的性格很難成為
一個老闆，一方面是因為他們不允許自己擴展融會貫通的能力，一方面是
因為過度計算表面的利益，而失去主動協調的助人之力。

不管多小的領導者，都需要有環顧全景的能力，如果要訓練自己有老闆的
情懷，就不要一心期待那所謂清楚的責任劃分。懂得分工是效率，但懂得
督促自己關懷總體的工作進度，才是自我能力的成長。

──督促自己成為工作表率

再好的管理規條也比不上親見的行為表率。如果打算創業，那代表有一天
你必須以努力的身影成為自己職場上的楷模。所以，無論投身在哪一種工
作中，取法其上、督促自己成為伙伴之間激勵人心的工作者，鼓勵自己跟
上心目中最好的執行者。

我們不要養成只看到別人成就的眼光，要跟隨那穩步之中的堅持與精神。

更重要的是，要認清別人身上如果有一項自己所羨慕的特質，那分分毫毫
都是時間的產物、是日積月累的生活功課。

成為老闆並不是成就的代表，創業也並不一定比加入體系工作來得自由或
有利。但是，如果你想訓練自己成為更好的工作擔當者，也許這些面對工
作的心情訓練是非常有益的。至少，它不只使我在工作中累積更豐富的專
業能力，還使我一直能帶著愉快進取的心情深入工作。

掙扎

師傅進入工作室鋪設地毯前，我特地去跟他商量一件事。因為九個月前裝修另一個空間時，地毯也由同一家負責施工，那地面使用不久之後，接縫就出現了不夠密合的問題。當時因為面積太大，我並沒有堅持撕掉重做，但也不想看過就算，所以，我幾次蹲在縫隙前觀察裂紋到底因何而起，推敲出下次鋪設時可能更要注意的種種細節，並把這些想法記在心裡。

再度施工時，我先跟師傅談起上一次出現的空隙與因此脫落編線的問題。交談中，他只是非常堅持我所說的是一種「不曾」也「不會」出現的狀況。我費了一番唇舌，想說動他先去現場看一下再討論，卻沒有成功。師傅說，等他做完之後再去看。我知道無法勉強但心裡不免失望，因為做完再看不就沒有意義了嗎？如果能先了解問題，或許就有機會防範錯誤？而且兩個場地之間的路途來回不到十分鐘，花一些時間而能了解工作中的問題，應該是值得的吧！我很疑惑，為什麼得讓一個問題停留在言語的辯論中，而不馬上付諸解決的行動？

地毯的問題使我想起生活中有許多類似的心情，我把它概稱為一種「掙扎」。它代表了我們同時面對的一些問題，但不同的人會用不同的觀點來解讀。

面對生活的時候，我看到習慣掙扎的人會為自己加重許多負擔。他們跟別人爭辯、跟自己拉扯，花用許多寶貴的時間與精神，把原本單純的問題複雜化了，但遲遲不肯接近問題的中心。有一些人卻不一樣，他們恨不得趕快看到問題的實貌，盡快找出解決的方法，我非常願意學習他們面對問題的態度。

「口頭上的爭辯」或是「針對問題討論」，在我的心裡的確有著清楚的界分。我管束自己不要混淆當中的界線，因為前者浪費了時間卻不一定有幫助，而後者則是一種積極的探討。那麼，是什麼樣的心情幫助我釐出那條界線？我認為是「誠實」。當我誠實地面對自己的不足時，通常就不會只停留在口頭上的爭辯；我不再想說服別人了解我之所以無法達到工作目標的總總理由，我看到的是自己有待努力的空間。

雖然工作或生活中的「溝通」很重要，但「溝通」的定義並非不停地討論。有時候，我們得先放下爭論或意見的不同，從實際的行動中去磨合出真正了解的渠道。

我曾遇過一位員工，她非常喜歡明辨事理，凡事如果不先討論出自己滿意的條理來，就不採取行動。我很欣賞她的「思而學」，但還是勸她不要忘了「學而思」；有些工作，我們之所以無法感受到清楚的輪廓，是因為我們還未

當我誠實地面對自己的不足時，通常就不會只停留在口頭上的爭辯；我不再想說服別人了解，我之所以無法達到工作目標的總總理由，我看到的是自己有待努力的空間。

採取行動。我在多年的工作中所體會出最深刻的道理是：思與學如果能成為兩股並進的力量，不但使能力進步，也會使精神充實愉快。

不掙扎並不代表沒有見解或盲從，它其實反映出一種更踏實、寬廣的學習心情或工作態度。就像那片地毯鋪設的過程一樣，想了解專業中可能發生的任何問題，是工作上的探討；爭論可不可能或問題的責任歸屬，就變成一種並不需要的抗拒與掙扎。

有位朋友跟我說，她常常在工作回家之後，花很多時間思考為什麼同伴或老闆不喜歡她，因此情緒非常低落。我問她可曾在工作中被指出具體的問題，她說有，雖然知道那的確是疏失或錯誤，但她更相信是因為發生在自己身上，所以問題才被放大了。

我知道這種想法很普遍，卻不會因此而認為這是正確的態度。我寧願那位朋友把心力更集中在提升工作品質之上，而不是花費如此多的精神來思考人際關係的問題。心理學家說過：「上班時的任務是把工作做好，而不是去處理遇到的情緒問題。」我相信「專心」與「責任感」，的確能幫助我們提升工作上的精神感受，避免掙扎所帶來的困擾與負擔。

我很羨慕穩穩掌握自己的朋友，也總在那穩定之中讀到他們共有的力量──關心事物的進展與功效勝於自己的種種感受。我知道跟這樣的人合作進步最快，工作質量也最紮實。

掌穩自己的方向

最近，一位年輕的朋友跟我懇談工作上遇到的問題。兩年中，她陸續開了兩家咖啡廳，但在第二家開幕之後，她突然想放棄一切，從此告別自己的夢想，言談中顯得非常的迷惑沮喪。

我比她大將近二十歲，餐飲的經驗也多十幾年，她所遇到的問題，無疑我也都曾經歷過，所以最想問她：真正想讓她結束營業的原因到底是什麼？

她眼中泛起一層淚光，悠悠地說：「我好像沒有了方向。」

「方向」是一個既清楚又模糊的字眼，特別是餐飲業，那所謂的「方向」似乎指的不只是我們「想」去的遠方夢境，還同時交雜著消費者的期待和商業研究的數據。

如今，毫無經驗但坐下來就能侃侃而談餐廳經營之道的人越來越多，但這個戰場上實際卻是死傷無數。我發現，願意分享自己商場失意的人並不多，除非那失敗之後還有更精彩、神奇的復活故事，否則多半以一些搪塞的理由做為句點。

經營餐廳二十年，餐飲的「方向」對我來說，指的並不是生意上的指標，

夢想是一條寂寞的路，我們不能靠著別人的意見來為自己定出方向，唯有在遭逢艱難困頓時願意背負更重的行囊、跨過坑洞，才會真正懂得什麼叫做「方向」。

而是自己心中堅持的想望；也因此，它既美又苦。有時候不管你喜不喜歡，只要一開店，就會有許多熱情的、或懷夢未果的朋友要爭相給予意見。當生意穩穩進行的時候，這些建議或許不會擾亂心意；但萬一營運遇到波折，這些想法就讓人自我質疑。

顧客的意見很重要嗎？不管誰回答「是」或「否」，其實都是不夠真確的。因為，顧客指的不是「一個」人，而是「一群」不同的意見，無論如何修正，終歸難以面面俱到。所以，我覺得開餐廳是尋找知己的工作；當然，要找到知己之前，自己得先當一個「好朋友」──裝備各方面的能力、了解自己的營運條件，取長補短、不斷精進，是我給自己重要的目標。

九月初我去費城，參觀了一家非常好的餐廳，也拜讀了創業者的故事。這家主人十六歲起就想開餐廳，但她沒有只是作夢，而是積極地利用寒暑假打工學習。因為功課好，父母要她習醫，她的妥協是去賓大上華頓學院。四年裡她繼續尋找自己喜歡的餐廳去打工，課業上的研究主題也盡量以餐廳為主。畢業後為了籌措開餐廳的資金，她又多工作了十年，期間再回學校讀一個企管碩士的學位。

如今，當大家看到她擁有一家很好的咖啡屋與隔壁的餐廳時，或許只看到餐飲夢唯美的外貌，卻不見那十幾年來的

辛苦努力。可以想像，當一個醫院管理顧問願意脫下優雅的套裝、拿起長刀為魚開膛取片時，我想「方向」對她來說，一定沒有迷惑的雜質。

所以，我想告訴那年輕的朋友，餐飲夢是一條寂寞的路，我們不能靠著別人的意見來為自己定出方向，唯有在遭逢艱難困頓時願意背負更重的行囊、跨過坑洞，才會真正懂得什麼叫做「方向」。

等待

我曾在女兒Abby轉受英文教育的時候，送給她一首英國詩人吉百齡寫給兒子的詩〈假如〉。這首詩給當時小四的大女兒許多的激勵，在度過她自己必須逆游而上的學習處境時，她不只把詩牢牢地背在腦中，還抄寫了一份貼在上學的檔案夾裡，做為生活的提醒。

對我來說，這首詩也是我常常引為自勉的，尤其當中有幾句，更是我渡過工作難關時永遠的助力——

假如你能等待，而不怕等得累；
假如你能強迫你的心、勇氣和體力，在它們早已枯竭時為你效勞。

我從二十七歲第一次開始小小的創業時，對這兩句話的體會就已經非常深刻。回想起來，我之所以在這二十二年裡，不管遇到什麼困難都很少起頹喪、退卻的心，就是因為了解「等待」與成果的重要。我相信辛苦耕耘的人要不怕等得累，才會有歡然收割的一天。

在這個急速轉動的社會中，我們凡事講究效率是好的，但是獨獨對於「成就」這件事，真的無法操之過急，更不該抱持短視近利的心態。

有很多年輕的朋友曾問過我創業的經驗，言談中，他們對於「行動」與「成功」之間的看法，常顯現一種我無法了解的邏輯，好像任何事都有個簡易的捷徑，而所有創業未成的人，也都是沒有找到那條捷徑，才造成失敗的結果。

我並不認為這樣的想法是正確的。固然，專家有許多理論與方法，可以幫助大家在開始一份事業時，不必走冤枉的摸索之路；但創業的路上，其實不會有完全相同於理論教學模式的條件。腳踏實地慢慢走，才會抵達目的地；能克服問題的人，永遠靠的是耐力與努力。

我們常常看到一些年輕人創業時，坐而言的時間比起而行的時間多很多；又或者，一份剛起頭的事業經營不到幾個月，便草草無聲收場了。我看著這過短的創業路程，有時不免在心中起了一種疑問：這是他們和成功的賭博嗎？那些事前的規劃難道都不算數了，為什麼這麼快就認輸走人了？

二〇〇八年，我移居北部，先把家安頓好、送小女兒去美東上大學之後，很快就動手籌劃自己所謂空巢期的中年新生活。搬家之後四個月過去了，從裝修工程的監工到店務開始實際運作，我每天工作都超過十二個小時。對於年近五十歲的體能來說，這當然是吃重的，但真正使我困擾的是，不管我如何樂在其中，旁人卻替我的生活節奏感到憂慮。

說服自己樂意撐過起步時的辛苦，是重要而有意義的。擔子總是越挑越不覺得重，再崎嶇的路也是越走才越懂得如何使之平順；辛苦耕耘的人要不怕等得累，才會有歡然收割的一天。

這些善意的關心是可貴的，我非常感謝，但是大家在給我建議時，卻可能忽略了每份工作在穩定之前，都得經過艱苦的草創期。當我們看到一棟完工的建築物時，多半會忘記曾經有好長一段時間，許多工人在為它流汗辛苦；當我們看到一份運作穩定的事業或工作時，其實已經看不到隱藏在當中的籌備辛苦與穩定基力。但是，如果你也想自己創業，就絕對不能不學會「看到」或「看懂」背後的一切。

我常常用飛機的續航來形容創業的辛苦。飛機好不容易平穩地起飛了，很多人以為從此之後就是事業的海闊天空；但事實是：如果不好好照管各種狀況與持續加油，它是隨時都會從高空墜下的。創業的艱辛與成就，全都是這樣的一體兩面。

的確有很多人無法經受創業前期的過度辛苦與旁人給予的壓力。我因為經驗豐富，而十分了解「過度」辛苦的必然，所以很想跟年輕的朋友分享這樣的心情：無論如何，都要鼓勵自己渡過穩定前必然會有的雜亂與辛勞。

創業的人應該每走過一小段路，就要回顧自己的足跡，仔細看看哪幾步踏空了、哪些過程走得穩健美好？我每一回頭總靜心思考，在清楚的自省之下，必然有許多足以讓自己成長的發現。

無論是創業或接受一份工作的挑戰，說服自己樂意撐過起步時的辛苦，是重要而有意義的。擔子總是越挑越不覺得重，再崎嶇的路也是越走才會越懂得使之平順的方法。我們應該對成就有合理的期待，如果自己不每天高興、勤奮地耕耘，收割日到來的那天，園中的荒蕪豈不是應有的景象？

夢的尺寸

上個月有位朋友打電話給我，說中國大陸有人因為讀了我的書之後想認識我。引見的朋友談及對方非常精彩有趣，但她不想用自己的眼光為我多做介紹，只希望我從對談中去認識他。

午餐時段，我一忙完手邊的工作，就坐下來與遠客見面。雖然只是短短一個多小時的交談，卻因為思路與言語都密集，所以交換了許多意見。一席話中最讓我回味久久的，是那位朋友問道──妳的夢想會停留在這樣的大小；還是有一天，妳會希望它登上更大的舞台，讓它有真正的格局？

「格局」是動人的語言、多用途的量尺，透露出一個人的眼光與雄心氣概。我相信沒有人不羨慕大格局的事業，也沒有人不喜歡當一個胸懷大志的人。因此，這句話雖然給人遠望的鼓舞，卻也無形中給了人生剛起步的年輕人一些壓力或錯誤的認知。記得當時我是這麼回答那位朋友的：「如果擴展會使我的夢或理想變形，我願意它維持在原有的樣子。」這就是我在這裡所要分享的「夢的尺寸」。

五月下旬，洪蘭老師帶著家人造訪我的餐廳時，巧遇我們的「小廚師」活動。之後，老師在報紙的專欄以「生活即教育」為題，分享了她對當天活動的想法。我讀到那篇文章時，心裡除了感謝洪蘭老師的鼓勵之外，文中

最讓我感動的一句話是:「我今天看到一個有心人,在她的能力範圍內,不計較成本,成功的教育了十二名國家未來的主人翁。」

在「能力範圍」中克盡努力,一直是我逐夢的自我勉勵,沒想到只有幾面之緣的洪蘭老師卻一語就道破這多年來的心境。記得一年多以前,還有人給我建議,說我不該「浪費」時間去做那些小事;如果要演講就要「夠大場」,要做事業就要如何、如何,才能發揮所謂的影響力。

我之所以不為所動,是因為想把日子過得恰如其分。我相信影響力並不專屬那些大力揮進的少數人,更重要的是靠許多默默努力的人所聚集的成果。所以,如果我能更深刻地執行我的生活信念、用行動說服少數的人,日積月累,相信它終究也能成為影響與勉勵。

記得小時候第一次學到「夢想」這兩個字,是與「實現」接在一起的,所以我以為「夢」是一個完成式,是一種已經滿足、無需費心的完美境界。長大之後,我又讀到「千里之行始於足下」,發現有人在提醒我,夢其實是一個啟程,如果不開始就永遠會掛空。等到離開學校、從父母身邊獨立,有了自己真正的夢想,我才發現,無論那個夢與情感、生活或工作相關,每一個都是需要持續努力的進行式。它們的尺寸是永遠不會跟預估時一樣,而會隨著許多

開始獨立、有了自己真正的夢想後,我才發現,無論那個夢與情感、生活或工作相關,每一個都是需要持續努力的進行式。它們的尺寸永遠不會跟預估時一樣,而會隨著許多條件與努力更改。

條件與努力更改的。

夢的尺寸該有多大才不算寒酸，我認為這不是需要擔心的問題。織夢的時候，我以「能力」為經，以「耐力」為緯；雖然能力可以慢慢增進，但不可遺漏的條件卻是耐力，所以，我很少期待一蹴而及的成功。

有許多朋友曾問我，他們可以想像，去完成一件事不可能沒有沮喪或挫折，為什麼我卻不常提及自己灰心失望的感覺，從我的文字與分享中，他們總覺得那種態度與生活過份美好。

我告訴他們，態度是一個人信念的投射。每一次當我遭遇錯誤或失敗時，只要自己肯真心面對窘境，就一定會發現，使我失敗或一天混亂不順的原因，通常是沒有做好足夠的準備。不管是面對新的一天或生命中的任何計畫，做好充足的準備是使人身心感到安適的條件。如果因為準備不足而遇上困難，我覺得那沒有什麼值得沮喪，我需要的並非怨天尤人，而是好好整頓自己的思路，與學習更好的工作方法。

多年來，我用這種方式來燒成夢想所需的磚塊，心裡其實一點都不擔心那夢想的格局不夠恢弘，只擔心日日所燒的磚頭會不夠用。我告訴自己，不要哪天真正可以築夢時，才發現地是有的、天空是夠寬闊的，可是自己手上的泥與磚卻圍不成好看的建築。

永遠讓人開心的工作好助手

思婷到Bitbit Café來面試那天中午，我們忙到沒空問任何問題就直接留她下來「試做」，這一留就留了快一整年。而這一年的中期，她也進入功課最忙的高三階段。

常有一些單親家庭的父母問我，他們有條件獨力好好教養孩子嗎？每次我總是毫無遲疑地說「有」，心裡並非想安慰他們，而是自己的確見過許多在單親家庭長大的好孩子。舉例其他的人可能比較遠了，就讓我分享自己身邊的孩子——思婷與我一起工作十一個月的故事，與一場午后的對談。

在記錄對談之前，我想先分享思婷對語言的可愛反應。記得兩個月前，我問她願不願意跟我談談自己的打工心得，好讓我做為這本書的一份材料時，她靦腆地笑了笑說：「好！」緊接著卻不斷探問我會問她什麼，看起來好緊張。雖然我告訴她，只是隨便談談，但她也似乎沒有因此而放鬆。我因為工作忙，不斷把約會延後，真正坐下來的那天，也只有一個鐘頭的時間，一談完話，我們馬上又要並肩工作了，所以，比談話更真切豐富的感受，其實是語言之外的同工默契。

那天，思婷端正地坐在我身邊，一派天真地先問：「Bubu姐，我等會兒回答的時候，應該用平常跟妳講話的口氣，還是跟庭宜說話的口氣？」我想

她真正的意思是在問：「我該嚴肅一點，還是用跟好朋友說話那種哥兒們的方式就可以？」這話逗得我很想笑，終於了解這群孩子的「可塑性」有多大。她們竟有一套專為我而存在的說話方式，也許這就是情境教學的影響。

不過，即使我提倡的「好好說話」還未完全活化在她們的生活之中，值得安慰的是，思婷有一次很確切地跟我說，自從她來Bitbit Café工作之後，在學校也很自然地會說謝謝、對不起了。「我覺得自己變得有禮貌多了！」她笑裡孩子氣的得意，輕輕地飄散在我們工作的廚房裡，我有很多複雜的感受。也許在如今的生活環境中，她要與同儕如此相處而不被揶揄，還真的需要一點勇氣呢，但至少，我看到思婷已經懂得選擇對自己有益的講話方式了。

Bubu：還記得自己剛剛來工作的心情嗎？

思婷（害羞地笑了起來）：記得，覺得自己笨手笨腳的。Bubu姐為什麼能忍受呢？不會覺得我很笨嗎？

Bubu：任何陌生的工作，當然一開始都不可能做得很好。不過，的確有一陣子，我很擔心妳的反應，因為，妳常常在做完一份被分配的工作之後，就呆呆地站著等下一份指令。我想過幾個可能——妳很害怕；妳一時吸收不了；我們大家的快節奏完全混亂了妳對工作的思考。這些倒不是

我有時候來工作之前，心情也很不好，像是前晚被爸爸罵或有一些事。可是等我走到店門口，要推開門那一刻，我會跟自己說不可以這樣，我應該專心工作。等真正開始工作了，就忘記了不好的心情。

——思婷

笨不笨的問題，而是使我更要仔細地想出如何教妳的方法，好讓妳上軌道。妳知道，學習的快慢每個人都不一樣，最重要的是，我看到妳很認真、學習態度很好，這兩個條件在初學習的階段已經很足夠。

思婷：可是那一陣子，我回家的時候心裡常常很難過，我會想，為什麼我總是不能把事情很快地學好。我知道大家都很忙，可是不知道自己可以幫什麼。小時候爸爸或媽媽教我一件事，我也是過好久、好久才能記得他們的提醒。

Bubu：所以，雖然妳只跟爸爸住在一起，他還是很注意妳的生活習慣？

思婷：爸爸會提醒我一些小事，像是東西要放好，要學做家事。可是他也告訴我這個社會每一個人都很壞，不可以信任別人。所以，我剛來的時候心裡很害怕，留下來之後，才知道每個人都對我很好。

我想起思婷剛來不久時，有一次母親從台東來，帶了一些家鄉的艾草糕給我們當點心，我熱了一塊給思婷吃，她驚訝得說不出話來，直嘆原來熱的艾草糕這麼好吃。我從她那過度的反應中，才問出她生長在一個單親家庭，小三那年爸媽離婚後，她就學著拿菜刀，煮飯給爸爸吃。「我什麼都不會，隨便亂弄。」難怪她常在廚房裡看到我們處理食材時會驚叫出來，也許，該削皮的也沒有削，就按著自己的推想做去。可是，這樣的思婷，卻在加入我們的兩個月後，成了我們廚房裡誰都喜愛的好助手。

我不諱言，她學東西比較慢，有很多工作習慣也不是一來就已經養好，但

是跟思婷工作真的很開心——不是歡鬧的開心，而是她的耐力很驚人，也從不在職場上傳遞任何的不愉快或心情的低潮。

Bubu：思婷，說說看妳怎麼能夠這樣呢——在工作中從不生氣？是妳天生脾氣就很好嗎？還是有其他的原因？

思婷：我有時候來工作之前，心情也很不好，像是前一晚被爸爸罵或有一些事情。可是等我走到店門口，要推開門那一刻，我會跟自己說不可以這樣，我應該專心工作。等真正開始工作了，就忘了不好的心情。

我也從客人身上學到自己的該與不該。有些客人對我們很好，有些客人很兇，看到他們的時候，我也會想到自己的態度對別人的意義。

我記得，在思婷還未到外場服務之前的好幾個月，她一直那麼「安份認命」地待在廚房裡幫我們洗碗。從呆呆站著等碗盤回收，到一分鐘也閒不下來，一遇到髒就要設法擦乾抹淨、一遇到不銹鋼就想讓它亮晶晶的孩子；那迴轉之間的身影，我並沒有等待太久。

Bubu：除了妳的工作耐心之外，我還想知道妳幾乎從不請假的意志力從何而來，是責任感嗎？

思婷無言地笑笑，她似乎不知道該用什麼具體的語句來表達心中的想法，只是先說不知道耶，然後喃喃低語道，有幾次因為特別的原因不能來，心裡會一直想，店裡的工作怎麼辦？會很擔心。我想起有一次她因為弟弟被

醫院懷疑是流感,與弟弟同住的媽媽不能去照顧,所以思婷臨時請假去陪弟弟。

Bubu:打工除了得犧牲跟朋友出去玩的時間之外,念書的時間是不是也一定會受到影響?

思婷:這倒沒有,如果我沒有把功課弄好,是因為我不懂得利用時間。打工前我不知道這種道理,那時候隨便摸一摸,書沒有念到、什麼事都沒有做好,一天也過去了。我現在對時間有新的認識,我覺得每天都要過得很有意義。

Bubu:思婷,再問妳最後一個問題,妳打工賺來的錢都怎麼處理呢?說起來妳的工作也很辛苦,會不會覺得自己才賺到這一點點錢,不值得?

思婷:不會,我覺得很滿意,我的錢剛開始都交給媽媽,後來的就用來交學費。

我之所以問起滿意的問題,是因為每個人對於自己的付出與金錢的回報,評價標準都不一樣。我想要知道,這個跟我工作了十個月,工作技巧還在虛心學習,但努力態度卻始終如一的高中女孩,是否對於自己的金錢酬報感到滿足?但,這只是一個再確認而已。事實上,在每個月看到她填寫的工時單裡,我已經了解她對工作報酬的想法了。一張小小的紙條,永遠只填寫整時的工作時數,那零散十幾二十分鐘的逾時工作,就在她端麗小巧的字跡中悄悄地被刪去了。

【後 記】

這篇訪談的初稿寫成時，我印出來給詩婷看，要她確認過內容後，我好傳給玢玢討論。她抽空看完，走進廚房跟我說：「Bubu姐，太厲害了，我說得亂七八糟的東西妳也能寫成一篇文章。」我笑答她：「就算不訪問妳，我一樣可以寫出這篇文章的，因為，我一直很認真在聽妳說話啊！」她開心地笑了，不知道有沒有遺忘，這幾個月來，尤其是帶她上軌道的那些日子，我們有過多少次並肩在水槽邊互相幫忙的經驗。那些積累的關懷不只足夠我寫出這篇，還有更多礙於篇幅與她的隱私而沒有寫出來的故事。

我比她的母親大一些，卻不知為什麼，思婷總不肯改口叫我Bubu阿姨。對於身邊這些孩子與我的談話，我的確是認真聽、仔細想著的。有一次，思婷收回的盤子裡剩下很多食物，當時她對我抱怨，溫和的語氣裡透露著微微的怒氣說：「每次看到剩這麼多東西就覺得好生氣，這麼浪費，給我吃多好啊！」我那正忙著工作的手雖然沒有停下，思緒卻飄向媽媽剛剛離開家，小三的思婷學著拿菜刀做菜的畫面揣想中。她是有理由對那些她認為應該要更珍惜幸福的人感到生氣的吧！我不禁這樣地想著。

溫柔態度包覆下的生活毅力

遇見夢微是在歲末寒風襲襲的三峽，地點是我很少停留的美容院。

二〇〇八年的一月，我開始從台南調動工班，分批往三峽裝修準備北遷的新家。在現場指揮一天的工作後，我常常變得灰頭土臉。有一次累極了，覺得自己全身塵土，於是從大學城往鎮上去，我打算找一家美容院洗過頭，再去搭高鐵回台南。那天，幫我服務的就是夢微——一個非常甜美、聲音稚嫩但工作熟練穩重的少女。她從高職畢業後，已經在這家美容院實習半年多了。

夢微最先引我注意的，是她對客人細心周到的關切。大家都知道，服務是可以藉由一套制式的訓練達到某一個程度的，但發自內心的熱忱總是遠遠超越形式之外，使人自然地感到喜悅。那天，雖然是晚餐時分，但整個美容院中座無虛席。我問夢微，過年前會很忙吧！她笑著說：「嗯！很忙，我已經二十一天沒有休假了。」

二十一天沒有休假？我不禁從鏡中更仔細凝視這孩子，有些不相信自己耳朵地再確認：「可以嗎？這麼久沒休假，會不會覺得好累？」她的確很美麗，十八歲的笑容裡藏著純然的青春，毫不介意地說：「不會啊！店裡大家都這麼忙，**怎麼好意思休假。**」

她的答案與表情都使我感到驚訝。我聽過多少人告訴我，現在職場上的年輕人應該是這樣才叫正常吧——管你有多忙，怎麼會不好意思休假？這是我的權利呢！

遇見夢微這孩子之後，可能是我這輩子最常出現在美容院的一段時間。搬來三峽後，幾個星期或一個月，我會去鎮上的美容院剪剪頭髮，以前自己拿起剪刀胡亂整髮的機會少了許多，這一年多來，夢微也從一個實習生，經過曼都的進修升等體系順利地成為了設計師。第一次見面時，她告訴我要成為一個設計師的夢想，終於在她踏出校園的兩年後圓滿完成。

她答應把自己的故事與心情與我分享，我覺得很榮幸，能有機會聆聽一個在台灣長大的二十歲女孩，娓娓道出溫柔態度包覆下的生活毅力。

Bubu：夢微對我們第一次見面還有印象嗎？

夢微：當然有，那時候我從夜校畢業，來這裡工作半年多。

Bubu：我一直對妳認真工作的態度感到很好奇，尤其是那二十一天不休假卻毫無怨言的心情，跟我們所知道的年輕人很不一樣。對於工作，妳曾經受到其他人的啟發嗎？或是，妳的父母對於這個部分，給過妳什麼樣的叮嚀嗎？

姑姑曾經非常確定地說，以我的能力絕對無法成為設計師，但這受傷的感覺也成為我的動力。當我工作沮喪的時候，我知道我不能放棄，如果我對工作任性，我的目標就永遠無法達成。

——夢微

夢微：我對這裡的設計師和經理很佩服，他們改變了我對工作的想法。我們來這裡，連掃地都要重新學起，每一件事剛開始都覺得要求好高，做不好就被提醒。可是，我慢慢改變了，我看到以前自己的工作態度是比較自私的；在這裡，我們互相幫忙，有任何錯誤，設計師和經理都會慢慢教我們，要我們改過來。

聽到這裡的時候，我腦中馬上浮現「好大人」三個字。剛好輪流帶她的設計師也在一旁，我於是回頭問她：「妳看到她們的工作問題時，會忍耐、還是一定要處理？」她笑了，斬釘截鐵地說：「當然不能放過，一定要說的。我跟她們一樣，都是很年輕就進入這個行業，慢慢學習受訓練的，她們犯的錯，我全都犯過，所以知道怎麼引導。我不會在客人面前說她們，但事後一定會好好溝通。」

夢微聽完接著說：「對啊！我有一次學剪倒V的髮型，怎麼剪都剪不出來，自己生氣到大哭起來。他們安慰我說，以前他們也是這樣，但是學東西要有耐心，慢慢練習很重要。」

Bubu：除了店裡的大人給妳的影響之外，妳爸媽對自己的工作應該也很認真吧！

夢微：對！我的爸爸媽媽都很努力工作，所以，原本我們沒有自己的房子住，現在已經買了新家。媽媽很會規劃，她教爸爸如何管理金錢。

我來這裡工作，爸媽叮嚀我一定要懂得報答別人對我的栽培，不可以在人

家把我訓練好之後，又跑去為其他的人工作。他們很在意這件事，常常跟我說要懂得感謝別人。爸媽也告訴我，多做事沒關係，不要計較，學到的都是自己的。

我很訝異她那對年輕的父母，能這樣存古意地教導初入社會的女兒。我曾想過，如果夢微不是因為父母處處以她真正的成長為目標來教育她，這兩年的築夢計畫也許會被自己的掙扎與雜念所耽誤。

Bubu：夢微，我知道妳高中讀夜校，白天在姑姑的美容院打工。說說妳的時間是怎麼分配的？

夢微：我早上九點到五點在姑姑的美容院工作，下午六點到九點上夜校，晚上回家有時候還要練習白天學到的工夫（美髮行業所謂的人頭練習）。學校是一星期五天，工作是六天。雖然一個星期有一天休假，但是我大部分的時間用來陪父母。如果偶而跟朋友出去，也一定會在下午五點之前回到家，我想跟爸媽一起吃晚餐。

Bubu：好特別，為什麼？下午五點回到家對妳來說這麼重要！

夢微：不知道耶！也許是小學、國中的時候，我都是五點一放學就回家，覺得在家跟父母一起吃飯很重要吧！

這段話對我來說特別有意思。不知道有多少次，我提醒年輕的父母要重視家庭穩定的生活形式，這會使孩子了解安全感的真意，也是她們將來經營

自己的家庭時可以依循的經驗。如今身邊出現了一個孩子,對於穩固的家庭儀式充滿了忠誠與愛意,我相信她之所以能這樣努力的工作,父母藉著日常生活所給予的愛不會沒有功勞。

這份愛,對夢微來說也不只是精神上的支持,當我問及她的金錢管理時,完全不出我所料地與她在工作上的精神互相呼應。

Bubu:所以,妳從有工作之後,是怎麼管理妳的薪水呢?

夢微:我都是一半貼補家用,一半自己當零用錢和學習材料費。學美容需要買一些練習的器材,我得分配我的花用。

Bubu:這些事都是自己決定或者跟父母親商量呢?

夢微:我會跟爸爸媽媽討論,媽媽也會教我怎麼做。我要認真完成這段訓練,我想要讓爸爸媽媽以我為榮。因為當我在姑姑家打工的時候,她曾經非常確定地說,以我的能力是絕對無法成為設計師的,我不想讓她的預言成真。我知道要努力,才不會丟爸爸媽媽的臉。

Bubu:姑姑這樣說的時候,傷到妳的心吧?

夢微:很難過,但是這傷害的感覺也成為我的動力。當我工作沮喪的時候,我知道我不能放棄,如果我對工作任性,我的目標就永遠無法達成。

Bubu：兩年下來，妳覺得自己最大的收穫是什麼？除了成為一位很年輕的設計師之外？

夢微：我從孩子氣變成熟了，在工作的磨練中，我的個性改變很多，我變得更快樂。以前，一不如意，即使在工作中我也會垮下一張臉；現在，我知道怎麼做一個有熱情的人，知道怎麼掌握自己了。

把距離當成旅程的逐夢者

我一直覺得「珍惜」是一種最積極的思考方式,使人生受益。懂得珍惜的人不一定「擁有過」或「失去過」,他們只是因為比較成熟,所以能夠推想「如果擁有」的美好與「萬一失去」的損失。這種預估的智慧使他們養成了一種對人事物或經驗都能好好守護的精神。

在我的眼中,Cathy就是這樣的人──一個二十四歲的逐夢者。如果有人要我只用一個詞來形容這位年輕的造型師,我一定毫不猶豫地選擇用「清楚」這兩個字來一語道盡她所留給我的印象。Cathy對自己的優缺點、對目前處境的狀況與未來逐夢的計畫,都清楚得讓我感到訝異。假設她是一個曾受過家庭全力栽培照顧或教養灌輸的孩子,或許我就比較能懂得這份理性與篤定的根基;但眼前這清秀的年輕女孩,卻只能把父母給予孩子豐富資源的想法,放在她未來自組家庭的美夢中。

Bubu:說說妳的求學經過,與目前的人生規劃和完成的進度?

Cathy:我國中的時候爸媽就離婚了,因為有家計的問題,所以妹妹和我高中都讀夜校。我上的是資管科,但心裡很想成為一個造型師,我的夢想是有一天要去英國進修彩妝造型。高中的時候,因為父母離異,我深受這些變動的影響,看待事情的角度多半很負面、偏激。我的家庭不講究溫柔

教養這樣的課題，媽媽覺得孩子隨便養自己會長大，講話總是直來直往。當時我心裡覺得不平衡，為什麼哥哥都不必負擔家用，只有妹妹和我很辛苦，所以，有一次跟媽媽口角之後就離家出走了，五年之後才又回到媽媽身邊住。

在那幾年，我晚上念書、白天工作，利用空餘的時間學習彩妝造型，並在假日協助老師、當她的助手，我因此而確定自己真的很喜歡這個行業。雖然這份工作時間很長又不穩定，出勤得配合服務對象的擇定時辰，有時天未亮就得出門，夜深人靜才回到家裡，的確很辛苦。但過了幾年，當我離開朝九晚五的工作，還是決定進入婚紗店當助理，更精進地從頭學習。

當助理那段時間，我接觸到不同的造型師，無論是優點或缺點，不同的做事方式都提供了我學習的省思。這份工作因為承受緊迫的時間壓力，造型師有時就難免把情緒轉到我們這些助理的身上，但這些磨練非常有用。

去年四月，朋友說服我自己初試身手，於是我鼓起勇氣去一家婚紗公司應徵造型師，沒想到經理看過我一次次不同的設計之後，真的採用了我。現在，我已經成為婚紗公司正式的造型師。每個星期工作的時間雖然很長，但我還是利用唯一的一天休假去上課進修英文，在存夠錢的同時，我也要把英文學好，去英國進修。

我想跟年輕朋友說，要把自己準備好，不要手中捧著資源卻不懂得利用。夢不是不斷嘗新，一樣做不好就換另一樣。懂得負責的人會知道，夢是辛苦追求中的堅持。

——Cathy

無論是英文或進修的路，目前看來，Cathy離她的目標都還有一段距離，但這或許是她最與眾不同也最有魅力的地方。她把距離當成旅程，一步步充滿鬥志地向前，完全無視於限制的存在。不知道為什麼，她對自己執著的挑戰與真純的信心，讓我對夢想有了新的看法：沒有一點難度的憧憬，也許就不叫做夢想了吧！

為了多了解Cathy，我曾幾度請教她的英文老師，她非常以Cathy為榮。因為Cathy積極的心情，使她自願在原本休假的一天特地為她排出課程，因為那是Cathy唯一可以來上課的日子。Cathy放棄了讓自己放鬆的時間，卯足全力學習，而她所派發的功課，Cathy也都利用非常忙累的空檔完成。最近一封封往來的email，她都以英文書寫，這對老師來說不只是安慰，還受到另一種感動與啟發。雖然說流利的英文對目前的Cathy來說還有些困難，但以她的熱忱與認真，相信會創造出穩紮穩打的實力。她一點都不懷疑，有一天Cathy能去英國深造，並成為一位出色的造型師。

Bubu：我們都喜歡訂定目標，但不可否認，只在腦中構劃是一件充滿希望卻不費力的事，難就難在採取行動並持續實踐計畫。能如願地成為婚紗公司的造型師，妳認為自己最重要的特質是什麼？

Cathy：我是一個很了解自己的人，對於想要什麼與有所不足都很清楚，所以，我知道該如何尋求幫助以增加能力。

當助理時，我很認真思考所看到的問題並請教別人。我也是一個很堅持、很有抗壓性的人，對於工作的辛苦都熬得下去，因為我看得到遠景。雖然

幾年前，有很多人覺得自己開設一個行動工作室，當所謂的「新娘秘書」酬勞很不錯，但是我已經看到那一定會因為過度競爭所產生的問題。我的目標不在於此，我要進修走向更專業的發展。將來有機會，我想要深入學習舞台造型，在那個領域，創意可以有更大的發揮空間，我相信才會更適合我的性向。

Bubu：妳為那更遠的路做了哪些準備呢？

Cathy：除了努力於目前的工作以磨練基本技術，我也大量吸收靈感。我每個月都節省其他費用，買國外的期刊來充實自己的眼界。雖然那些書中的英文我大部分都看不懂，但造型藝術可以靠視覺取得新知與靈感。每一本書都給我一些新的引發與接納，即使是一眼看去心裡感覺到排斥的東西，也可以給我不同的刺激。

我還積極地學習英文，為進修所需要的語言工具做準備。我找這位老師不只是因為語言，還因為喜歡她對人生努力的概念。以前也曾參加一些課程，上完一個段落後又感覺重新來過，現在我想要一份更長遠的計畫。雖然我的工作時間很長也很累，但我已經知道，每天都接觸一點的學習，可以累積成不一樣的成果。

當然，因為出國念書需要一大筆錢，所以我也很努力理財。因為有了一個更好的人生目標，現在的我已經不像以前那樣有虛榮的想法，看到漂亮的東西就別無他顧。我已經有很好的克制力，不需要的東西絕不買。

把握學習的機會與充實自己很重要，我有一位對我很好的男朋友，我也常常提醒他，一定要彼此勉勵、提升自己，這樣的感情才會更加豐富穩固。我對於未來有一種緊緊掌握的夢想與需要，所以，計畫對我來說很重要，配合計畫的不斷行動使我成長。我不是天生就像您想的那麼成熟、清楚，我想我是慢慢從生活中學習磨練而來的。

Bubu：在剛剛的談話中，與妳對我教養的贊同裡，我可以感受到妳多麼羨慕那些擁有豐富資源的孩子。慶幸的是，我完全沒看到妳有任何憤世嫉俗之感，在我看來，這也是妳不斷成長的契機與動力，非常可貴。

妳非但不是草莓族，也覺得這是一種被過度報導的狀況。但在我們的談話中，也聊到很多父母的確過度保護孩子。妳能不能以自己過去不曾擁有的經驗，給某些的確身在福中不知福的同輩一些建議？也許，這來自同年的提醒比年長者的擔憂或教導更有用。

Cathy：我真的很羨慕家庭能給予栽培的孩子，但有些人的學習雖有豐富的資源卻不一定善用。當然，我覺得在有能力的家庭中，也許父母的想法更為重要，過度的保護與供應，的確讓某些孩子變得比較沒有自我計畫或挑戰的能力，他們慢慢也會變得自信不足。我想跟年輕朋友說，要把自己準備好，不要手中捧著資源卻不自覺。夢不是不斷嘗新，一樣做不好就換另一樣。懂得負責的人會知道，夢是辛苦追求中的堅持。

談話近尾聲的時候，我在Cathy的杯子裡添了一些自己點的巧克力，心裡泛起了類似於母親的心情。

我又想起「珍惜」兩個字。就一個二十四歲的孩子來說，她對於人生的領略與體會實在很早。除了做為一個社會長輩對她的憐惜與愛意之外，我更想知道，這個朝著標竿直跑的孩子，將會給其他同齡的年輕人什麼樣的啟發與鼓勵，一如她所給我的熱情感染與省思。

魄力是果決與堅持的結合

以傳統的學習路徑來看，從建築系畢業而開創紙產品的設計公司或許並不奇怪，但中間又特意穿過兩年的英文系，就使得這原本可以順暢連結的了解路線突然被打斷了。我與Kelly討論的話題，就是從探討這條成長路開始的。

Bubu：公司創業至今有多久了？

Kelly：六年。

Bubu：我知道妳是外文系畢業，為什麼會選擇以紙產品的設計來做為創業的開始呢？

Kelly：我從小就對紙與手作的東西有一份特別的情感，無論是紙的色澤、質地或相關設計。事實上，我是念完建築系才又插班大學英文系的。畢業後，我有半年的時間在幼教機構編兒童英文教材，但這份工作完全不符合我的興趣。我很快地轉到一家禮品公司去工作，外銷業務不只使我在英文系的所學有活用的機會，我也因此能出國去了解許多相關的工作，參加展覽更開拓了我的工作視野。

可以這麼說，進入建築系並非是我自己的選擇，我跟多數人一樣，根據考試的分數決定了科系，雖然我並沒有打算畢業後要從事建築相關的工作，但還是乖乖把它念完了。插班英文系，是我第一次以興趣來決定自己的學習方向。等到在禮品公司工作滿三年，我離開自行創業的時候，那就是我第二次對於興趣的選擇了。說起來，無論在建築系所學到的各種概念或英文系所獲得的語言根基，對我的工作來說都非常有幫助。

Bubu：我自己也很早就離開團體運作的工作體系，所以完全可以了解創業除了需要勇氣與衝勁之外，凡能有任何成績的人，都是因為具備了某些更具體的條件。妳認為，當時二十七、八歲的自己，在這個行業裡已經準備好哪些基本的能力了？

Kelly：在為公司工作那些年，我非常努力也認真觀察。決定自行創業時，我已經懂得外銷貿易的流程、與客戶接洽的各種經驗、參展的條件，與自覺可以勝任的設計能力。

Bubu：妳以多少的資金開始起步呢？

Kelly：我去登記公司時，是以一百萬的最低資金開始。

Bubu：但真正的所需是高或低於一百萬？剛開始順利嗎？

> 創業以來，我一直非常害怕自己被「少年得志」沖昏頭。我常常提醒自己，不能因為看起來比同年齡的人似乎成功一點，或擁有較多的外在條件，而忘記人生應有的態度。
>
> ——Kelly

Kelly：以這個行業來說，它創業的資金門檻並不高，但真正做的時候，我的花費還是超過一百萬，像出國展覽這一類的花費就變高。有半年的時間，我無法達到收支平衡。我的主力市場是歐洲，一開始，我的設計沒有辦法贏得他們的青睞，但我繼續努力等待時機的到來。

Bubu：我不需要問妳關於鍥而不捨的信心問題，因為，如果妳的性格中沒有這樣的特質，妳的公司不會存在六年並繼續成長。我比較好奇的是，在那半年中，妳做了哪些更積極的準備或改變以等待轉機的到來？

Kelly：我檢討了自己的產品，發現既是為不同國家設計，就要更貼近當地的文化，所以我開始買書來看，也仔細深入研究其他的產品。在各種主客觀條件都改變的半年之後，我接到了第一筆的訂單。好高興，客戶開始接受我的想法與設計了。

大概又過了三年，我才有「一帆風順」的感覺。之前，如果偶有虧損，我都能堅持下去，因為我覺得困難是必然的，我的壓力承受度也很好。更幸運的是，父親在這方面給了我很大的啟發。

從小，父母在生活方面對我們有一定程度的品質要求，等我開始從事這個行業之後，爸爸要我仔細檢視每一批產品，必須沒有瑕疵才能出貨。從品質與責任的角度來說，爸爸透過工作的關懷，使我不斷提升自我的要求。

Bubu：所以妳的父親也在這個行業？六年前他們對妳創業有著什麼樣的意見？

Kelly：不！我的家庭跟這個行業完全無關，除了我為別人工作那三年，我沒有任何背景。決定創業時，爸媽沒有表達擔憂，但我相信他們一定有過暗暗替我煩惱的時候。

Bubu：在業務還沒有非常穩定的前三年，妳的努力如何與信心相呼應？我知道光是耐心的等待是不會改變任何結果的，可以告訴我妳精進之心更具體的著力點嗎？

Kelly：我努力閱讀、參展、實作，以此培養自己的設計能力。

Bubu：在我看來很特別的是，你的創業本身兼顧了貿易與原創設計兩個部分。妳不只貿易的部分有成績，而且達成了自己想做設計的夢想。這代表妳有不同的長才，既能開拓市場還能生產精緻的產品。妳可以分享自己的管理心得嗎？

Kelly：在管理上，我覺得自己一直在學習，也做得並不好。創業時，我覺得年輕是自己的一項缺點，常常很介意別人會不會想到辦事不牢或覺得我不夠份量。而我所僱請的員工多半跟我一樣大，有的甚至比我年長，人事的管理對我來說當然並非完全得心應手。如果能夠回頭，我但願當年能用更輕鬆的態度來看待自己與員工的年輕、或某些狀況顯得經驗不足的問題。我應該用更有信心、更寬廣的角度來面對人事物、面對自己與伙伴。

對於工作與業務的管理，我是從挑選好的協力廠商、力求自己有好的品質開始所謂的管理。我很重視溝通，從溝通中尋求認知相同的廠商，我們之

所以能贏得客戶的信任，相信是因為我們處理工作的方式非常敬業，完成力很足夠。

Bubu：雖然妳看起來有點柔弱，但我會用有「魄力」來形容妳，妳同意這樣的說法嗎？

Kelly：如果這樣說，我覺得自己受恭維了，我想，我是有一點驕傲和好強的。

Bubu：為什麼當妳說著「好強」時，有一點不好意思的感覺？是誰讓妳有這樣的想法呢？我猜是環境裡慣用的評語使妳有這樣的感覺對不對？我自己並不認為好強有任何不好。好強是「不想輸給自己或別人」，這跟「不准別人贏」是完全不同的思考層次。

我記得自己看過一個故事，有位世界級的女子馬拉松選手志在第一，她總是對跟她同賽的第一名說：「我會盡可能地盯著妳。」雖然有時候，這緊追其後只能維持一兩公里，但她明白自己會因此而強壯起來。這位選手說：「我在向她學習，她是世界第一，我總不會吃虧。」在我看來，這就是好強的性格，跟不能欣賞別人的成功是兩回事，而妳的好強類似於此！如果沒有這份好強，面對創業的高低起伏，妳或許無法平安度過。而我之所以說妳有魄力，是因為我從妳分享的故事中看到果決與堅持，這兩個特質微妙地綜合起來，我覺得就是一種魄力。

Kelly：謝謝妳這麼說。創業以來，我一直非常害怕自己被「少年得志」沖昏頭。我常常提醒自己，不能因為看起來比同年齡的人似乎成功一點、或擁有較多的外在條件，而忘記人生應有的態度。我特別感謝我的姐姐和妹妹，她們常常給我最有用的提醒。因為她們是最了解我的人，所以那些忠告點醒了我身處成功時或有的迷思。

Bubu：我猜想妳應該非常想要成為一個設計師，所以才並非只以商品的貿易作為創業的定位。這幾年裡，妳自己也僱有科班出身的設計師，對於訓練自己又做了哪些積極的養成工作？妳覺得已經可以很坦然地稱自己為設計師了嗎？

Kelly：我一直很努力在研究歐洲的設計風格，這幾年也從別人身上與自己手中產出很多創意的結果。我已經不去想自己是不是一個所謂「合格」的設計師，我但願別人是從他們的感受中自然而然地稱我為設計師。

與Kelly道再見時，她趕著要去見一位客戶，我望著這位三十二歲的女孩遠離，想著她以「紙」為發想點所創造出的作品，還有她口中對於自己事業的詮釋——「美」是一連串喜悅的相遇。

選擇生命中真正的想要

我年輕的時候感受不到人生變化的真實，看到身邊有成就的長輩總以為他們「天生如此」。即使旁人說了奮鬥的故事給我聽，卻因為自己的生命經驗實在淺，而說故事的人或許忽略了某些真正重要的過程，所以，我總是很難從一個人的現況去推想他過去必然有過的困難與努力。差不多到了三十歲左右，我才開始學會看一個人的時候對他的生命經歷感到好奇，並從中找到對自己有益的榜樣。

我跟月仁熟識的時候，她已經在醫學院教書了。因為先生是另一所醫院的醫師，所以有些人會揶揄她何不辭掉工作回家，在有意無意之間小小地挖苦她何必在制度上仰人鼻息。據我所知，在我們以好朋友互吐生活苦水的某些沮喪時刻，月仁也並非不曾萌生過退意，但最後她堅強的意志總促使我當一個好朋友。所以，我們在久久一次的相聚或談話之後，會各自回到生活崗位繼續努力，記取彼此的加油聲。

如今那二十年走過了，孩子們也都長大了，月仁沒有離開她的生化領域，執著地朝博士學位的路途前進，眼看就要走到終點，我實在為她高興。她堅強與柔軟並存的心意常使我感動；對於無論如何都要盡心盡力教養孩子的堅強，與對許多困境沮喪能坦然接受的柔軟，我都有深刻的了解。

Bubu：不管在哪裡求生存都很難，對不對？我聽到不少人說妳既不出國念書，為什麼不乾脆辭去工作回家照顧孩子，當個名符其實的「醫師娘」？對於這樣的說法，妳會覺得難過嗎？

月仁：每個人對人生的想法、選擇都不同，所面對的現實也不同。或許個性使然，我並不喜歡當一個閒人；我也很清楚選擇留下來，我就得面對學術的不歸路。雖然我知道在自己的工作體系中，出國去拿個學位是最務實有用的一條路，但是在成大醫學院念完研究所的時候，我的條件還無法讓我無憂無慮、攜家帶眷出國念幾年書再回來；如果自己去念書，孩子與家庭都無人照料。這不是一個容易的選擇。別人當然可以隨便說出事不干己的意見，但我自己得承擔決定的結果。

我一直很想出去接觸不同的學術思維與訓練，也因此在孩子還小那幾年，我並沒有考慮在自己的學校攻讀博士，似乎一直在等待一個對的時間再出門去接續我的學業。在此之前，更重要的是我得把兩個孩子帶好，而且我對教學也有很深的責任感。這是追求學位、個人成就與當一個盡責老師、母親之間時間與心力的兩難。學校有升等的壓力，當人人都出去念書而我卻停留或暫停求學時，自然有各種不同的聲音與看法會出現。有的人不客氣地說我不夠上進，有的人不認同我把家庭看得如此重要；但是，就像人

當人人都出去念書而我卻在照顧家庭或暫停求學的時候，自然有各種不同的聲音與看法會出現。但是，就像人生某些現實一樣，我只能衡量眼下的條件，做自己認為最好的選擇。

——月仁

生某些現實一樣，我只能衡量眼下的條件，做自己認為最好的選擇。

另一個促使我沒有一鼓作氣追求學位的原因，是經歷我的單位所長癌症復發過世所帶來的衝擊。三十出頭的我眼看她從一個掌握許多學術大計、豐碩成就的強人，到不得不放開一切與生命道別的過程，讓我第一次感到健康的不可掌控性，也重新省視自己的選擇與真正的想要。那場醫學院才成立十年就要舉辦的全院性的追思會，是我這一生第一次主辦的大型活動，我幾乎是傾全力並注入所有的情感讓它畫下完美的句點，那段時間內心複雜的情緒難以言喻。我開始更常問自己，我真的要不顧一切地去追求那些所謂的「成就」嗎？還是我可以暫且不顧別人的「看不起」，朝著全家及學生更主要的利益與發展前進？

Bubu：我很同意。不能說別人對我們的人生意見是沒有價值的，但的確沒有一套意見可以被稱為權威；人生中最深刻的切身問題，都是我們必須自行斟酌的。不過我很佩服妳，對於別人給妳類似的評論或壓力時，妳沒有錯亂自己的腳步，一直非常篤定，妳是如何鼓勵自己穿過困難的時刻？

月仁：這些年來，放慢讀學位的計畫除了給家庭與孩子比較足夠的照顧之外，我也輔導了相當多的學生。在大學，我們帶領的學生正當人生重要的階段，大一新生有適應的問題與需要的關懷，等他們到了高年級，面臨選科或將進入實習的階段時，需要的協助又不同。所以引導不同階段的學生，又要兼顧持續性與個別差異，的確耗費我相當多時間。但我應該是一個容易滿足的人，當學生寄來滿滿文字的卡片，當學生說我就像他們「在台南的媽媽」時，所有的付出就好像都值得了。所以每次遭遇挫折時，我

會想想健康的小孩與照顧過的學生，找尋自我肯定的價值。另外我的研究與實驗也都需要時間，所以不管怎麼說，手上的時間是永遠不夠用的，實在也由不得我難過太久。

時間永遠不夠用，真的，我記得這幾年來，月仁總在辦公室待到很晚、很晚，孩子就跟著她在辦公室做功課、讀書。有一次晚上十一點多，我在家裡找不到月仁，打去辦公室，是孩子接的電話，說媽媽在另一頭的實驗室裡。後來我才知道月仁的實驗有時是沒辦法按著既定的時間來進行的，她必須隨時配合實驗的狀況來調整時程。我常懷疑她一天睡幾個小時？

Bubu：雖然跟妳一樣同為母親，但是我因為是自己創業，如何調整工作進展的速度唯一要面對的只是競爭淘汰的恐懼，比較沒有隨著升遷制度而來的重大壓力。我跟妳一樣選擇放慢腳步，但那只不過是自己對成就的取捨。可是，我發現在妳的工作領域之中，完全不是那麼一回事。妳不能選擇停在某一個職等裡、不能以當一個熱心教學的講師做為工作目標，對不對？在我看來，這才是真正的壓力吧！

月仁：當然不能，新的大學法已規定新進教師幾年內沒有升等通過就得走人。我是夠老了，適用舊的大學法，才能免除這條法規。但我很清楚要有自知之明，完成學位是退休前一定要做的事，除了遵循升等制度外，我也想證明自己不是沒有能力完成博士學位並升任教授職。進成大到現在，這一路走來當然要面對很多壓力與批評，如果用「被看不起」來形容，好像有些嚴重，不過當多數人都往同一條路走去，而我卻做了不同的決定時，的確會成為不上進的實證，這就是學術體制裡職業婦女真正的兩難吧！

Bubu：不過在這兩難裡，妳還是把帶孩子跟當個好老師兼顧得很好啊！雖然博士學位會來得遲一點，但這更給同有困難的母親一份深刻的鼓勵。

九月我應輔導室之邀回成大演講時，文耀一聽到我們是好朋友，就很興奮地在信中說：「Bubu姐，跟您透露一下，何老師曾經獲選全校特優導師喔，我想她對學生的用心和您對孩子的用心是一樣的。」對自己的孩子用心並不難，把學生當自己的孩子一樣擔憂就需要不同的信念與力量。妳能得到這個榮譽對我來說一點都不意外，因為這十幾年來，我親眼目睹妳帶學生的熱情，說真的，我覺得那些孩子們很幸運，妳對他們的方式，就像我看到Abby、Pony在美國上大學，那些老師對他們非常細緻的關心。比較特別的是，妳的關心是買一送一呢！我看到李醫師每次都熱心參與。

月仁：這些學生都是未來的醫生，這是相當專業的行業，要能真正達到輔導與協助，必須對他們學習與養成的過程充分了解。幸好我先生是醫師，他的工作心得與成長經驗對他們來說最實用，所以，通常我主要提供人生的歷練及學習的方法，而臨床的學習就交給李醫師了。我們常常一起跟學生聚會，了解他們的需要，盡所能提供他們必要的協助。現在，有很多學生都已經結婚生子，也在自己的領域或工作場上有出色的表現，看到這一切，讓人感到做為老師的安慰與喜悅。

Bubu：我曾經問Abby，在美國上大學這四年，她所認定的好老師有什麼樣的特質。她毫不猶豫地回答我說：「能啟發我思考方式的老師。」這讓我想起妳在獲選為優良導師後的感言：「一位好的導師應該走在學生的前面，引導他們建構基本的能力、尋找未來的方向。」妳確實很愛學生與即

將投身社會工作的青年，是因為妳也曾經這樣受到照顧與啟發嗎？還是覺得因為社會做得不夠，所以要從自身做起？

月仁：接觸學生多了之後，加上教養自己小孩的經驗，我深刻相信身為「好」的老師，除了給學生魚吃，更應該教他們如何釣魚。啟發學生的思考並找到自我學習的方法，才是他們一輩子受用的東西，也才是老師最應該做的事。現在的學生，聰明才智都比我們好太多，自我思考的能力才是他們能有無限發展空間的基礎，尤其在知識暴增的年代。另外，多年輔導學生的經驗讓我看到成大有相當優質的學生，本質都很好，只是普遍成熟度、抗壓性不夠，連帶的觀念、態度與價值觀有時容易混亂。所以老師除了專業的教授之外，分享人生的歷練以及生涯的心得對他們會是更重要的幫助。同時，也由於體認自己成長過程的無知與徬徨，深感若自己有能力幫助學生而不伸出援手，有愧於心，因此如果知道學生有困難，不管是學業、感情以及生涯規劃各方面，我都會想辦法找機會輔導他們。或許成功的例子多了，更讓我無法忽視我所看到的問題。

我們總以為，一個人能在生命或工作中義無反顧地前進，是因為沒有退路。做為月仁的朋友二十三年，我一直知道別人口中的調侃或隱藏在譏諷裡的那個醫師太太的角色，的確可以是她的退路。但是，她的理性穩重與努力，使自己沒有往極端去做選擇。在五十歲的此刻，無論她的成就是不是足以使多數的人感到佩服，對我來說，一個女性要在妻子、母親、老師與自己的求學之間不自疑惑地默默努力前進，這份精神已足夠做為許多年輕朋友的榜樣與安慰。

【後記】
與工作建立美好的關係

是這麼多人成就了一個永不停息的世界，
這總體的活動就是我眼中的「工作」。希望這些生活中的工作故事，
能喚起大家與自己的工作之間那條美好的溝通管道。

在陸續修稿的幾個月中，我漸漸有些野人獻曝的膽怯與擔心，因為，在許多人的眼中，我就像是一個「工作狂」；狂者，病也，跟我們說一個人有潔癖是一樣的，原本沒有錯的事卻被過度偏激的做法給弄糟了。我對於「努力工作、享受工作」的一片癡心，是否也會帶給讀者這樣的印象？畢竟，關於工作的自省活動，並不是這個社會活躍的思維。

因為這些心境，第一部的幾十篇稿子就從原本給孩子的書信、信中滿是她們熟悉的工作環境與細節中改了又改，文字也越修越淡；到後來，我就只想留住觀念的部分了，希望這些發生在我自己生活中的工作故事，能喚起大家與自己的工作之間那條美好的溝通管道。

我是無論走到任何地方都很容易在心裡產生驚嘆的人。我所生活、感知的這個世界，除了大自然的知惠之外，還由多少工作者不間斷地供應著心力與汗水？

這一年，我移居三峽的一棟新大樓，住戶都在陸續裝修新屋，所以，每天離家去工作時，如果遇上進出的人多，我也會搭上准許運貨的大電梯。有一次，剛好遇到搬運敲打廢料、渾身灰土的一位先生。他不好意思地一再說抱歉，我看著那一推車的重物，真心激賞地告訴他說：「沒有你們就不會有漂亮的房子，我覺得你的工作很棒！」他驚訝地望著我笑，而我的心裡真的沒有一絲安慰的意味，我只是說出自己對他的尊重。那就像星期假日晾衣服時，從後陽台看到遠處在鷹架走動巡工的人一樣，風很大，他們危步其間，我的心中充滿感動。

是這麼多人成就了一個永不停息的世界，這總體的活動就是我眼中的「工作」。從小，幫父母做家事使我體會到自己可以對別人有所貢獻，所以，長大後就絕不想成為他人的負擔。然而，我們不是獨自活在孤島裡的人，要在每個方面都不成為他人的負擔是不可能的，於是就在自己的工作中，以盡心盡力的投入，來感謝這個互相效力的社會。

這本書就是在這種心情下慢慢完稿的。

作家作品集 58

寫給孩子的工作日記——說別人的故事，教自己的孩子

作　　　者—蔡穎卿（Bubu）
英文作者—翁樂旂（Abby）
主　　　編—郭玢玢
美術設計—周家瑤
責任企畫—艾青荷
校　　　對—蔡穎卿、翁樂旂、郭玢玢
董 事 長
總 經 理 —趙政岷
總 編 輯—余宜芳
出 版 者—時報文化出版企業股份有限公司
　　　　　10803台北市和平西路3段240號5樓
　　　　　發行專線—（02）2306-6842
　　　　　讀者服務專線—0800-231-705・（02）2304-7103
　　　　　讀者服務傳真—（02）2304-6858
　　　　　郵撥—19344724 時報文化出版公司
　　　　　信箱—台北郵政79～99信箱
時報悅讀網—http://www.readingtimes.com.tw
電子郵件信箱—ctliving@readingtimes.com.tw
法律顧問—理律法律事務所　陳長文律師、李念祖律師
印　　　刷—盈昌印刷有限公司
初版一刷—2009年12月21日
初版十二刷—2017年5月4日
定　　　價—新台幣350元
（缺頁或破損的書，請寄回更換）

時報文化出版公司成立於一九七五年，
並於一九九九年股票上櫃公開發行，於二〇〇八年脫離中時集團非屬旺中，
以「尊重智慧與創意的文化事業」為信念。

國家圖書館出版品預行編目資料

寫給孩子的工作日記 / 蔡穎卿著.
-- 初版. -- 臺北市：時報文化, 2009.12
　面；　　公分. --（作家作品集；58）

ISBN 978-957-13-5140-7(平裝)

528.33　　　　　　　　　98023824

ISBN：978-957-13-5140-7
Printed in Taiwan